ELTERN SEIN

D1734376

STIFTUNG
SÜDTIROLER SPARKASSE
1854

AUTONOME
PROVINZ
BOZEN
SÜDTIROL

PROVINCIA
AUTONOMA
DI BOLZANO
ALTO ADIGE

Deutsche Kultur und Familie

Die Drucklegung dieses Buches wurde ermöglicht durch
die Stiftung Südtiroler Sparkasse
und die Südtiroler Landesregierung/Abteilung für
deutsche Kultur und Familie.

BIBLIOGRAFISCHE INFORMATION DER DEUTSCHEN NATIONALBIBLIOTHEK
Die Deutsche Nationalbibliothek verzeichnet diese
Publikation in der Deutschen Nationalbibliografie;
detaillierte bibliografische Daten sind im Internet abrufbar:
http://dnb.d-nb.de

2009
Alle Rechte vorbehalten
© by Verlagsanstalt Athesia AG, Bozen
Illustration: Marek Haiduk, Philipp Putzer
Gestaltung und Layout: www.gruppegut.it
Umschlaggestaltung: www.gruppegut.it
Gesamtherstellung: Athesiadruck, Bozen

ISBN 978-88-8266-526-5

www.athesiabuch.it
buchverlag@athesia.it

ELTERN SEIN MIT KINDERN WACHSEN UND REIFEN

PETER KOLER
CHRISTA LADURNER
TONI FIUNG

VERLAGSANSTALT ATHESIA | BOZEN

DIESES BUCH WIDMEN WIR ALLEN ENGAGIERTEN ELTERN.

I ♥ MAMI + PAPI

Vorwort

Das vorliegende Buch lädt alle Eltern und diejenigen, die es noch werden wollen, ein, sich Gedanken zu machen, über sich selbst, ihre Partnerschaft und ihre Beziehung zu Kindern.

Die Texte regen an, aufmerksam zu bleiben, innezuhalten und sich auf die vielen Freuden, aber auch Schwierigkeiten, die eine Familie mit sich bringt, einzulassen. Das Buch plädiert dabei insbesondere für das Authentisch-Sein.

Die einzelnen Kapitel spiegeln die unterschiedlichen Sichtweisen sowie Erfahrungen der Autoren wider: Mutterperspektiven vermischen sich mit Vatergedanken und Seelsorgeerfahrungen. Ebenso fließt Wissen aus den Bereichen der Psychologie, der Pädagogik, der Soziologie und der Theologie ein.

Viele erzählte Beispiele aus dem konkreten Alltag von Vätern und Müttern ergänzen die Texte.

Die Kapitel wurden so gestaltet, dass sie auch für sich alleine stehen können und ein Querlesen möglich ist.

Möge Sie das Buch beim Abenteuer „Familie" begleiten und Ihnen auf Ihrem Weg immer wieder Mut machen.

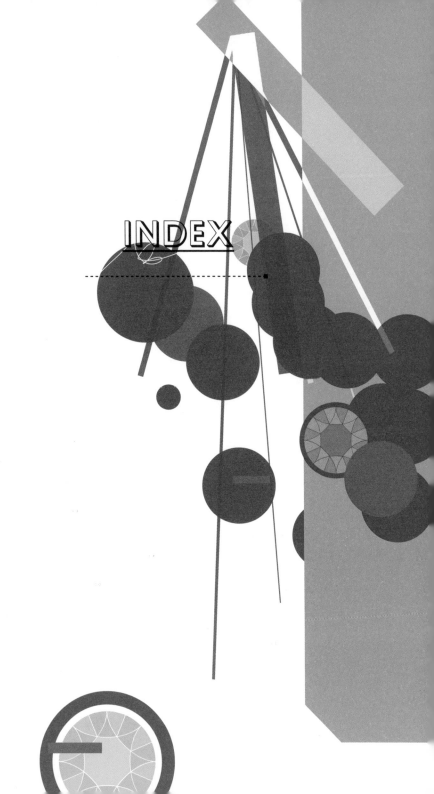

INDEX

1. Was niemand sieht – wie wir durch unsere Kinder wachsen

Es ist etwas, was alle Eltern kennen und schon einmal gehört haben. Wenn es in Gesprächen ums Elternsein geht, um diese Rolle und die Aufgaben, die damit verbunden sind, geht es allzu oft um die Mühen und die Last. Egal, ob im privaten Kreis oder in öffentlichen Diskussionen, Eltern werden oft bedauert, weil sie es im Leben nicht leicht haben und zu wenig von allem haben: zu wenig Zeit, zu wenig Geld, zu wenig Platz, zu wenig Erziehungskompetenz. Auch in Gesprächen zwischen Eltern nehmen diese Themen großen Platz ein.

Wenn es um ihre Arbeit als Erzieherinnen und Erzieher geht, haben Eltern meist eine vorgeprägte Wahrnehmung. Diese kann mit einem Satz so zusammengefasst werden: „Was muss ich tun, dass sich meine Kinder gut entwickeln und heranwachsen?"

Dieses Tun wird normalerweise mit viel Anstrengung, Mühe und Verzicht verbunden, weil es das Wohl der Kinder und nicht das Elternsein in den Mittelpunkt stellt. Dies wird auch deswegen so empfunden, weil viele Menschen des mitteleuropäischen Kulturkreises mittlerweile fast alles, was nicht der eigenen Selbstverwirklichung dient, zuerst einmal als Last und Qual empfinden. So ist es nicht verwunderlich, dass man als Vater oder Mutter bemitleidet wird, weil man beispielsweise am Wochenende nicht Zeit für sich selbst hat, keine Wanderung machen kann oder im Restaurant fein essen, weil man bei seinen Kindern bleiben „muss". Aber sind kinderlose, erwachsene Menschen tatsächlich freier, zufriedener, glücklicher? Ist es tatsächlich eine Bereicherung, alleine etwas zu unternehmen und am Abend in eine zwar aufgeräumte, aber leere Wohnung heimzukommen? Zählen nicht gerade die Einsamkeit und das Gefühl des Verlassenseins zu den größten Ängsten der Menschheit?

Das eigene Elternsein kann heute in unserer Gesellschaft in vielen Formen gelebt werden. Mütter und Väter können unverheiratet oder verheiratet zusammenleben, getrennt oder geschieden sein, alleine erziehen, eines oder mehrere Kinder, eigene, gemeinsame, Adoptiv- oder Pflegekinder haben. Dabei sind alle Formen des Elternseins an sich gleichwertig, denn sie sagen noch nichts über die „Elternqualität" aus. Jede Form beinhaltet eigene Dynamiken, lässt besondere Möglichkeiten und Herausforderungen entstehen.

In diesem Buch wird eine vorgefertigte und weit verbreitete Meinung über Bord geschmissen: Es geht nicht um das ZU WENIG, es geht um das MEHR. Es geht um etwas, über das nur mehr selten gesprochen wird: um das Elternsein als Gewinn! Um diesen Gewinn zu erkennen, muss in einem ersten Schritt ein ungewohnter Betrachtungswinkel eingenommen werden: In den Mittelpunkt der Aufmerksamkeit werden die Eltern gestellt.

Wir konzentrieren uns in diesem Buch nicht auf das, was durch die Erziehungsarbeit mit den Kindern geschieht. Wir betrachten, was das Erziehen mit den Eltern macht. Auch die Eltern verändern sich. Unser Grundanliegen ist zu beleuchten, was mit Personen geschieht, wenn sie Eltern werden. Diese Veränderungen können etwas sehr Bereicherndes darstellen. Die Eltern-Rolle wird zu einem wichtigen Bestandteil der

Drei Dinge sind uns aus dem Paradies die Sterne der Nacht, die Blumen des Tages und die Augen der

geblieben

kinder

Dante Alighieri

Persönlichkeit eines erwachsenen Menschen. Das Leben mit den Kindern, das Dasein für sie, verändert und leitet eine Weiterentwicklung des eigenen Seins ein. Das persönliche Wachsen durch die Beziehung mit dem Kind ist tatsächlich ein wahrer Gewinn. Nur wird er auf den ersten Blick nicht wahrgenommen, weder von den Eltern selbst noch auf gesellschaftlicher Ebene.

Der Philosoph Martin Buber beschreibt es treffend, wenn er sagt: „Alles Wesentliche im Leben ist Begegnung. Nur über Beziehung entsteht das persönliche Wachsen." Um sich als Mensch zu spüren, dreht sich das eigene Ich nicht nur um sich selbst, sondern geht in Beziehung zum Du. Das ist auch das Wesentliche am Elternsein. In der Beziehung zu unseren Kindern geschieht mit uns Eltern etwas: Wir wachsen, entwickeln uns in unserer Persönlichkeit weiter, werden reifer und erfahrener. Durch das achtsame Hinschauen auf das Kind kann man sich als Mutter und Vater öffnen für eine eigene Entwicklung. Es besteht ein großer Unterschied, ob man 20 Jahre seines Lebens mit oder ohne eigene Kinder verbracht hat. All die Erlebnisse und Erkenntnisse, die man in der Rolle als Mutter und Vater haben durfte, sind Perlen für das eigene persönliche Reifen.

Elterngefühle

Gewisse Gefühlswelten tun sich erst in der Beziehung zu den Kindern auf. Gefühlswelten, die ansonsten verschlossen bleiben und die man nie verspüren könnte.

Als ich das erste Mal meinen Sohn in den Armen spürte, dieses kleine zarte Wesen in meinen Händen hielt, geschah mit mir etwas ganz Besonderes und Einmaliges. Ich spürte, wie in meinem Körper etwas aufbrach, das sich wie eine dünne Hülle angefühlt hatte. Mich durchflutete eine warme Welle. Ich verspürte ein starkes ungemein tiefes und intensives Gefühl der Nähe und Zuneigung zu diesem soeben auf die Welt gekommenen kleinen Menschen, das mir bis dahin unbekannt war. Ja, ich kannte das Gefühl des Verliebtseins, der Liebe zu den Eltern, der freundschaftlichen Liebe, aber diese Vaterliebe für das eigene Kind war etwas wunderbar Neues und Schönes, das mir mit der Geburt meines Sohnes geschenkt wurde.

Dieses tiefe Gefühl der Nähe und der Zuneigung ist nur eines der vielen Gefühle, die von Eltern verspürt werden können. Es gibt noch jede Menge andere. Etwa das Gefühl, Schutz geben zu können. Oder das Gefühl, Verantwortung zu leben, hinter den Kindern zu stehen, was diesen wiederum das Gefühl gibt, aufgehoben zu sein. „Mami, ich hab dich lieb." Ein kurzer Satz kann große Gefühle auslösen. Die Umarmungen, die man von seinen Kindern erhält, lösen etwas Besonderes aus und verankern sich in der Erinnerung als schöne Erfahrung. Im Körper beginnt es zu strömen, wenn sich Kinder wie junge Äffchen um den Hals der Mutter oder des Vaters klammern. Das Kuscheln mit den Kindern ist etwas Einzigartiges und Unvergleichliches. Haben Sie sich schon einmal überlegt, wie wohltuend das ist? Wie angenehm es ist, mit den Kindern auf dem Sofa zu liegen, sich zu umarmen, zu streicheln und zu drücken? Viele Eltern merken es manchmal erst, wenn die Kinder flügge geworden sind und ihr Zusammenkuscheln dann mit anderen teilen.

Es ist ein wunderbares Geschenk, die eigenen Kinder aufwachsen zu sehen. Die Tatsache, dass sie da sind, verursacht ein ganz besonderes und bis dahin nicht gekanntes Glücksgefühl.

Auch jene Gefühle, die eigentlich als nicht so angenehm bewertet werden, erhalten eine neue Facette: beispielsweise Gefühle des Zorns, der Wut und der Angst. Manchmal können einen die eigenen Kinder so wütend machen, wie sonst nichts auf der Welt. Auch das sind Erfahrungen, die einem sonst entgehen! Es muss ein Umgang mit diesen starken Gefühlen gefunden werden. Wie soll man mit der Angst umgehen? Wohin mit der Wut, wie kann sie kanalisiert oder gar genutzt werden? Tatsächlich kann die Wut zu Stärke verwandelt werden. Eltern können lernen eine innere Ruhe zu entwickeln, die auch in manch anderen Lebenslagen sehr hilfreich sein kann.

betrachten, was
das Erziehen mi
en Eltern
macht.

Eltern lernen dazu

Menschen lernen durch ihr Elternsein Neues dazu. Tatsächlich machen Eltern die Erfahrung, dass sie zu Handlungen fähig sind, die sie vorher nicht für möglich gehalten hätten.

Das Übungsfeld der Erziehung hält nicht nur für die Kinder, sondern auch für die Eltern eine Unmenge an Lernerfahrungen parat. Im vertiefenden Gespräch mit Eltern hört es sich fast unglaublich an, wenn darüber berichtet wird, wie viele neue Fertigkeiten in der Beziehung mit den eigenen Kindern erlernt wurden.

Hätten Sie sich zugetraut, so viel Schlafentzug auszuhalten? Hätten Sie je gedacht, dass man so viele Dinge an einem Tag tun und bewältigen kann? Wussten Sie, welch große Belastungen Sie aushalten können? Wie gut man auch nur 15 Minuten für sich selbst nutzen kann? Wie viel Ausdauer man im Beibringen von Regeln entwickelt? Und wie viel Hartnäckigkeit und Verhandlungsgeschick in den Diskussionen mit den eigenen Kindern? Was für eine Kunstfertigkeit man entwickelt, um Kinder zu trösten oder sie für gewisse Dinge zu begeistern? Die Kunst der Krisenintervention erlernen viele Erwachsene in der Auseinandersetzung mit ihren pubertierenden Kindern. Woher kommen der Gleichmut und die Ruhe, die viele Eltern in späteren Jahren haben?

Die Geburt des ersten Kindes, aber auch jedes weiteren, lässt Eltern jedes Mal die Fragen nach dem Sinn und den Aufgaben des Lebens neu beantworten. Kaum eine Begegnung stellt den eigenen Lebensentwurf so in Frage wie die mit den eigenen Kindern. Nicht nur: In periodischen Abständen stellen sich existenzielle Fragen immer wieder aufs Neue. Geburt, Eintritt in den Kindergarten, Eintritt in die Schule, Beginn der Pubertät, Ablösen vom Elternhaus: In jeder Veränderungsphase der Kinder haben auch Eltern die Chance auf Veränderung und Weiterentwicklung.

Wenn Eltern die Veränderung bei den Kindern sehen und bei sich beobachten, wie sich Haltungen und Gefühle verändern, liegt darin eine große Chance. Sie können sich in ihrem Elternsein weiterentwickeln, aber in erster

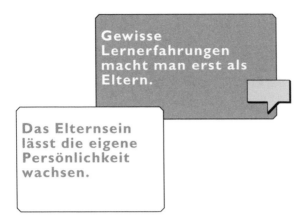

Gewisse
Lernerfahrungen
macht man erst als
Eltern.

Das Elternsein
lässt die eigene
Persönlichkeit
wachsen.

Linie wachsen sie als Personen. Die Frage nach der zweiten und dritten Möglichkeit lässt das Lebenswissen wachsen. Eltern gewinnen im Laufe der Jahre an Flexibilität. Die gemachten Erfahrungen und Erlebnisse lassen sie geerdeter und gelassener werden. Auch das eigene Selbstwertgefühl wächst.

Es ist immer wieder spannend, wenn sich in einer Gesprächsrunde Eltern von Pubertierenden mit Eltern von Kindern treffen, die die Pubertät hinter sich haben. Man sieht diesen Eltern die Gelassenheit und auch eine gewisse Verschmitztheit an. Im Nachhinein werden die Dinge ganz anders betrachtet. Trotzdem bestehen Mitgefühl und Verständnis für diejenigen, die gerade mitten drinnen sind.

Zu sich selbst kommen

Neben neuen Gefühlserlebnissen und Handlungsmustern eröffnet sich vielen ein leichterer Zugang zu einer vergangenen Gedankenwelt. Durch das Elternsein werden die Erinnerungen an die eigene Kindheit und Jugend wieder wach. Die Begegnung mit dem eigenen Kind ermöglicht gleichzeitig auch die Begegnung mit dem inneren Kind. Für manche aktivieren sich lange Zeit unterbrochene Kontakte zur eigenen Geschichte. Die Entwicklungsstadien der Kinder wecken Bilder über die eigene damalige Zeit. Die eigenen Lebensgeschichten holen einen wieder ein. Wie war ich im Kindergarten? Wie war ich, als ich zum ersten Mal in die Schule kam? Was war mir in meiner Pubertät wichtig? Welche Beziehung hatte ich zu meinen Freunden? Wem galt mein Interesse? Welche Gefühle prägten mein Sein? Und wie sah ich meine Eltern? War es ein gutes Gefühl, das ich für sie empfand? Wie sehr handle ich jetzt, wie mein Vater es damals tat? Wo ähnle ich meiner Mutter, wo unterscheide ich mich von ihr?

Diese Auseinandersetzung mit der eigenen Kindheit kann sehr hilfreich sein. Sie lässt uns leichter zu unseren Wurzeln kommen und gibt dem Leben eine Tiefendimension. Manchmal helfen die neu gewonnenen Erinnerungen auch, den Frieden mit den eigenen Eltern zu finden. Viele Dinge, die in der eigenen Vergangenheit geschehen sind, werden besser verständlich. Andere sieht man aus einem veränderten Blickwinkel. Manche bekommen eine ganz neue Bedeutung. Handlungen, die man den eigenen Eltern lange nicht verziehen hat, werden anders betrachtet und oft wird eine Versöhnung möglich. Alte Wunden vernarben auf diese Weise. Manche erlittene Verletzung wird durch eine Neuinterpretation sogar zu einer persönlichen Stärke: Ich habe das überstanden. Ich bin trotzdem fähig gewesen, mein Leben zu meistern. Das sind Sätze von Menschen, denen es gelungen ist, an ihren Wunden zu arbeiten und ihnen einen akzeptablen Platz in ihrer Erinnerung zuzuweisen. Die Erlebnisse bekommen eine neue Bewertung. Sie lassen sich aushalten. Sie machen keine Angst mehr, beschämen nicht, beeinträchtigen nicht.

In der Schnelligkeit des Alltags und den vielen Aufgaben und Tätigkeiten, die Eltern zu leisten haben, werden die hier beschriebenen Qualitäten leicht weggeblendet oder nicht mehr wahrgenommen. Es scheint wirklich keine Selbstverständlichkeit zu sein, die Vorteile des Elternseins auf den ersten Blick zu erkennen und das Elternsein in die Mitte zu stellen.

Viele Männer haben zuerst einmal Angst vor dem Vatersein. Der Gedanke an eigene Kinder lässt sie in erster Linie an die damit verbundene Verantwortung denken: Auf Kinder muss man schauen, es braucht ausreichend materielle Mittel, um sie groß zu ziehen, ihnen eine Ausbildung zu garantieren. Auch viele Frauen sind ambivalent und werden von Gedanken nach Sicherheit geprägt: Die Angst, im Berufsleben den Anschluss zu verlieren, die Sorge um die Betreuung der Kinder und der Verlust der persönlichen Freiheit scheinen große Hindernisse zu sein, wenn es um die Gründung einer Familie geht. Wer denkt in seiner kinderlosen Zeit schon daran, dass auf ihn als Mutter oder Vater ein einmaliges, außerordentliches Abenteuer wartet, dass man mit seinen Kinder auf die Reise gehen kann, auf die eigene innere Reise?

Die aktuelle gesellschaftliche Lage kann man auch nicht als förderlich bezeichnen. In den letzten Jahren haben zwar die Themen Familienförderung, Familien- und Kinderfreundlichkeit an Gewicht gewonnen, doch der Wert des Elternseins findet bis heute keine große Beachtung.

Es gibt noch zu wenig Väter, die ebenso stolz ihren Kinderwagen durch die Stadt schieben wie andere Männer ihren fitnessveränderten Körper, und selbstbewusste Mütter, die anerkennende Blicke erhalten, wenn sie mit ihren Kindern einen Platz im Kaffeehaus suchen. Fast scheint es so, dass man die Leidenschaft zum Elternsein erst neu entdecken muss. Die Passion und Leidenschaft, die Eltern für ihre Aufgabe verspüren können, muss erst ins öffentliche Bewusstsein gebracht werden. Die gesellschaftlichen Instanzen, die sie pflegen und bewerben, müssen erst gefunden werden. Ein Blick hinein in andere Kulturen zeigt, dass diese Vorstellungen gar nicht so abwegig sind, wie sie auf den ersten Blick scheinen. Es gibt genügend Väter und Mütter auf dieser Welt, die selbstbewusst sind und denen mit Achtung begegnet wird.

Ab und zu gibt es gewisse Momente, ganz besonders innige, da betrachte ich meine Kinder, schaue in ihre Gesichter, in ihre Augen, und sehe, wie sich in ihnen das Leben verdichtet, das meine, das meiner Partnerin, das unserer Eltern und Großeltern. Fast scheint es, dass in diesen Momenten, die Welt stehen bleibe. Dann verspüre ich den Stolz, der mit meinem Elternsein verbunden ist.

Man hat vergessen, dass es stolze Eltern braucht.

2. Frausein – Muttersein

Noch vor wenigen Jahrzehnten war es für junge Frauen selbstverständlich, Mutter zu werden. Das Muttersein bestimmte erheblich das Selbstbild der Frauen und wurde auch von der Gesellschaft zweifelsfrei als wertvolle Aufgabe anerkannt. Diese Selbstverständlichkeit gab den Frauen Sicherheit. Seit einigen Jahrzehnten findet jedoch eine Entwicklung statt, welche die Rolle der Frau und Mutter erheblich verändert hat.

Viele Frauen können heute in Bezug auf Mutterschaft eine ganz persönliche Wahl treffen. Die Entscheidung, ob man ein Leben mit oder ohne Kinder verbringen möchte, fällt jedoch nicht allen leicht. Das ungebundene und kinderlose Leben birgt besondere Reize und die Wahl für etwas, was niemals mehr rückgängig gemacht werden kann, lässt so manche Frau zögern. Es ist für viele nicht auf Anhieb erkennbar, welche Vorteile in einer Familiengründung liegen können.

Dieses Buch möchte Mut machen und die Lust auf Familie wecken, nicht zuletzt indem es die schönen Seiten und Möglichkeiten des Mutterseins aufzeigt. Mutterschaft ist heute keine vorgeschriebene Einbahnstraße mehr, sondern kann in unterschiedlichsten Formen gelebt und gestaltet werden. Eine bewusste Entscheidung für Kinder bedeutet daher auch, Mutterschaft nicht mehr als selbstverständliche Pflicht, sondern als Ausdruck weiblicher Autonomie leben zu können. Dies ist eine große Errungenschaft.

Kinder ja
oder nein?

Mutterschaft als
Ausdruck weiblicher
Autonomie ist
eine große
Errungenschaft.

Die Zeiten ändern sich

Heute denken die Menschen anders über Mutterschaft und die Rolle der Frau als früher. Dazwischen liegt jedoch ein mühsamer individueller und sozialer Prozess der Veränderung, der noch lange nicht abgeschlossen ist. Einst verbindliche Wahrheiten wie „Eine Frau muss sich zwischen Kindern und Beruf entscheiden" oder „Nur die Mutter kann für ihr Kind sorgen" gelten heute nicht mehr. Auch die Wissenschaft betont, dass Kinder Bezugspersonen und stabile Bindungen brauchen, diese aber nicht allein von der Mutter abgedeckt werden müssen. Säuglinge und Kinder können auch zu anderen Personen enge Bindungen aufbauen, wenn Fürsorge, Nähe und Zuwendung durch die Beziehung garantiert werden. Diese Möglichkeit, Verantwortung zu teilen, entlastet Frauen und eröffnet ihnen neue Gestaltungsräume.

Der folgende Erfahrungsbericht zeigt einige wichtige Schritte dieses historischen Entwicklungsprozesses auf. Er gibt Einblick in das Verständnis von Mutterschaft in drei verschiedenen Generationen und beschreibt kurz die sehr unterschiedlichen Schwierigkeiten, auf die Frauen auf ihrem Weg gestoßen sind.

> **Frauen sind geprägt durch ihre persönliche Geschichte und von historischen Veränderungen.**

Das traditionelle Familienbild

Meine Großmutter hat im Laufe ihres Lebens neun Kinder geboren und für diese gesorgt. Damals waren die Rollen zwischen den Geschlechtern klar definiert: Oma sorgte für die Kinder und wickelte den Haushalt ab, Opa arbeitete im Betrieb. Die Trennung zwischen Aufgaben im privaten Bereich und der Erwerbstätigkeit war genau definiert. Den Frauen von damals war die soziale Anerkennung für ihre Arbeit als Mutter garantiert. Ich weiß, dass meine Großmutter trotz aller Schwierigkeiten und Entbehrungen in ihrem Leben sicher nie an der Wichtigkeit ihrer Aufgaben in der Familie gezweifelt hat. Ihr Leben war geprägt von einem tiefen Familiensinn und über die Jahrzehnte hinweg war sie für die gesamte Großfamilie stets Bezugspunkt. Großmutters Küche war Treffpunkt für alle. An ihrem Lebensende waren Kinder, Enkelkinder und Urenkel anwesend, haben sie begleitet und verabschiedet und da spürte ich, wie stark die familiäre Bindung auf alle wirkte.

Die Rollenaufteilung wankt

Dann kam die Generation meiner Mutter. Meine Mutter stand vor der Familiengründung voll im Berufsleben. Sie arbeitete gerne und die Erwerbstätigkeit bedeutete für sie Selbstverwirklichung und Selbständigkeit. Ein Jahr nach meiner Geburt entschied sie sich zu Hause zu bleiben, trauerte dabei aber dem Berufsleben und der damit verbundenen Anerkennung oft nach. Daher widmete sie sich neben der Familienarbeit mit den mittlerweile drei Kindern auch verschiedenen Gelegenheitsarbeiten. Ihre Geschichte zeigt eine gewisse Zwiespältigkeit auf, die wir als Kinder immer wieder wahrgenommen haben. Ganz konnte sich meine Mutter wohl nie in der Familie verwirklichen. Sie hätte gerne ihre eigenen Möglichkeiten und Talente verstärkt auch außerhalb der Familie zur Geltung gebracht, aber die gesellschaftlichen Umstände und die nach wie vor herrschende traditionelle Rollenverteilung machten dies damals noch sehr schwierig. Meine Mutter hätte sich als „Nur-Hausfrau" sicherlich ein höheres Maß an Selbstverwirklichung gewünscht.

Familie und Beruf vereinbaren

Ich habe also bereits als Kind erlebt, dass es für manche Frauen unbefriedigend sein kann, sich ausschließlich dem eher unspektakulären Alltag in der Familie zu widmen. Daher versuche ich heute das Berufsleben mit der Familie zu verbinden und weiß einerseits, wie viel das Energie kostet, andererseits aber auch, dass es ein hohes Maß an Freude und Genugtuung bringt. Familie und Beruf zu leben bereichert mich. Ich merke, dass ich, bedingt durch die vielen Veränderungen, die in der Familie immer wieder auftauchen, flexibel und beweglich bleiben kann. Auch die organisatorischen Fähigkeiten, die ich entwickelt habe, um Familie und Beruf zu vereinbaren, kommen mir im Arbeitsleben sehr zugute.

Muttersein heute

Viele Frauen sind heute nicht mehr bereit, sich in vorgeschriebene Rollen zwängen zu lassen. Sie gestalten ihre Mutterschaft nach eigenen Vorstellungen. Manche Mütter sind ganztägig erwerbstätig, andere arbeiten Teilzeit, wieder andere entscheiden sich, bei ihren Kindern zu Hause zu bleiben. All diese Lebensentwürfe sind wertvoll, wenn sie wirklich gewollt und authentisch gelebt werden.

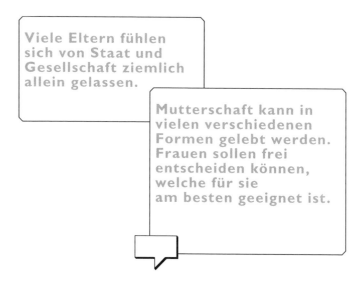

Viele Eltern fühlen
sich von Staat und
Gesellschaft ziemlich
allein gelassen.

Mutterschaft kann in
vielen verschiedenen
Formen gelebt werden.
Frauen sollen frei
entscheiden können,
welche für sie
am besten geeignet ist.

Es gibt aber immer noch Frauen, die bedingt durch finanzielle oder orga-
nisatorische Schwierigkeiten, keine Entscheidungsfreiheit besitzen. Wenn
Menschen in Rollen gezwängt werden, die sie selbst nicht wünschen, entsteht schnell Frustration. Eine Frau, die aufopfernd ihre berufliche Karriere
für das Wohl der Familie an den Nagel hängt, die ihre persönlichen Ziele
aufgibt und unzufrieden zu Hause bleibt, ist ebenso enttäuscht wie die oft
unterbezahlt arbeitende Frau, die ihren Job nicht mag und sich viel lieber
um ihre kleinen Kinder kümmern würde, es sich aber aus ökonomischen
Gründen nicht leisten kann.

Das gleichberechtigte flexible Rollenarrangement
Die Kombination von Mutterschaft und Beruf ist heute für viele Frauen
erstrebenswert geworden. Ein flexibleres Arrangement der Aufgaben zwischen Mann und Frau macht sich in vielen Beziehungen bemerkbar. Immer
mehr Väter übernehmen Verantwortung im Haushalt und in der Kindererziehung, immer mehr Frauen verwirklichen sich auch außerhalb der Familie.
Dieses Modell des flexiblen Rollenarrangements entlastet Väter von ihrer al-
leinigen Ernährerrolle und befreit die Frauen von ihrem Hausfrauen-Dasein.

Bei der konkreten Organisation des Alltags gibt es aber so gut wie keine geeigneten Modelle aus den vorherigen Generationen. Die früher übliche innerfamiliäre Weitergabe von Erfahrungen und Bewältigungsstrategien für den Alltag in der Familie greift nicht mehr, auch die generationenübergreifende gegenseitige Unterstützung fehlt zunehmend. Eltern können heute auf wenig Altbewährtes zurückgreifen, viele anfallende Dinge müssen persönlich abgestimmt werden.

Wer ist wofür verantwortlich? Wer kocht? Wer kauft ein? Wer bringt die Kinder zu den Freizeitaktivitäten? Wie kann man es vermeiden, dass man sich nur mehr die Klinke in die Hand gibt? Wie viel kann man an andere delegieren? Wie sich organisieren, wenn die Kinder krank sind? Täglich tauchen neue Fragen auf. Hier braucht es zwischen den Elternteilen gute Vereinbarungen, welche die persönlichen und familiären Bedürfnisse berücksichtigen. Wenn Mütter und Väter die Schwierigkeiten beim Namen nennen, ihre persönlichen Vorschläge und Vorstellungen einbringen und dann gemeinsam nach Lösungen suchen, wachsen sie auch als Paar zusammen. Die hierfür notwendige Kommunikation lässt, sofern sie sich nicht nur auf Organisatorisches beschränkt, Eltern einander näher kommen. Sie erkennen, was dem anderen wichtig ist, und lernen sich gegenseitig zu unterstützen.

Aber auch der Austausch mit anderen Eltern in einer ähnlichen Situation kann helfen. Wie machen es die anderen? Haben sie gute Ideen für die Organisation des Familienlebens? Gibt es Menschen im Umfeld, die Unterstützung geben können? Kann man sich gegenseitig behilflich sein und Formen der Nachbarschaftshilfe aktivieren?

Manche auftretenden Schwierigkeiten können nicht von der einzelnen Familie bewältigt werden. Grund dafür sind die oft widrigen Rahmenbedingungen im Arbeitsleben und in der Betreuung der Kinder. Eltern, die sich gerne gleichberechtigt organisieren möchten, stoßen immer wieder auf einen unflexiblen Arbeitsmarkt mit starren Arbeitszeiten, einer zu niedrigen Entlohnung und einer geringen Familienfreundlichkeit. Andauernde Zeit- und Koordinierungsschwierigkeiten führen dann dazu, dass Eltern, vor allem aber die Frauen, an ihre Grenzen kommen. Zusätzlich belasten Bemerkungen des Umfeldes wie „Das hättest du dir früher überlegen sollen" oder „Andere schaffen das auch". Daher suchen viele Mütter die Schuld bei sich selbst, in ihrer zu geringen Belastbarkeit und suchen nach anderen Wegen. Resigniert kehrt so manche Frau spätestens nach der Geburt des zweiten Kindes zu einem traditionellen Familienmodell zurück, in dem der Mann der Hauptverdiener und die Mutter bestenfalls die Nebenverdienerin ist, die den Großteil der Erziehungs- und der Hausarbeit leistet. Dass dies oft einen beruflichen Rückschritt mit sich bringt, wird von den Frauen verdrängt oder als ganz selbstverständlich in Kauf genommen.

Das Hausfrau-und-Mutter-Modell

Manche Frauen entscheiden sich trotz aller damit verbundenen Risiken, wie einem möglicherweise schwierigen Wiedereinritt ins Berufsleben, bewusst dafür, ihre berufliche Tätigkeit aufzugeben oder für einen langen Zeitraum zu unterbrechen. Sie stellen ihre Aufgabe als Mutter in den Vordergrund. Wenn dabei das, was sich *frau* wünscht, mit dem übereinstimmt, was sie macht, dann ist die Arbeit für die Familie sicherlich eine große Bereicherung für alle: für die Frauen selbst, für deren Familien und auch für die Gesellschaft.

Liebe und Einsatz für andere sind für viele Frauen ein ganz besonderer Wert.

Wichtig ist dabei aber, dass auch die mit der Familienarbeit verbundenen Mühen wahrgenommen und anerkannt werden. So kann es für die Frau anstrengend sein, sich meist alleine um die psychischen und physischen Belange der Kinder zu kümmern und ständig Entscheidungen treffen zu müssen. In Partnerschaften mit Arbeitsteilung – aber auch in allen anderen Beziehungen – ist die Wertschätzung dessen, was der andere tut, besonders wichtig. Manchmal fehlt jedoch das gegenseitige Verständnis.

Mein Mann schätzt gar nicht, was ich mache. Immer wieder höre ich, dass ich es eh angenehm hätte, dass ich am Nachmittag gemütlich Kaffee trinken und auf dem Spielplatz sitzen kann, während er sich abrackert.

Modell 148   Modell 149   Modell 150

27

Solche Aussagen verletzen, sie nehmen die mit dem Familienleben verbundenen Anstrengungen nicht wahr. Ähnliches gilt für die Erledigung der eintönigen Hausarbeit:

Mein Mann findet, ich solle mich wegen dieses bisschen Haushalts nicht beklagen. Und wenn dann am Abend zu Hause Unordnung herrscht, meint er, nicht einmal das würde ich auf die Reihe kriegen. Ich fühle mich nicht ernst genommen in meinen Mühen und möchte manchmal am liebsten alles hinwerfen.

„Gerne würde ich mit dir tauschen", sagen manche Männer. In den seltensten Fällen kommt es aber zu einem Rollentausch. Wenn Männer jedoch für einen längeren Zeitraum nicht nur die Kinderbetreuung, sondern auch die Hausarbeit übernehmen, kann man meist sehr schnell beobachten, dass sie beginnen, die Arbeit der Partnerin anzuerkennen und zu schätzen. Andererseits sehen viele Frauen auch nicht, wie mühevoll es für den Mann sein kann, die alleinige finanzielle Verantwortung für die Familie zu tragen. Die hohen Leistungsanforderungen im Berufsleben, die vielen Stunden im Betrieb und das Gefühl, nicht genug Zeit für die Familie zu haben, werden nicht wahrgenommen. Es geht darum, den Partner wertzuschätzen, seine Mühen anzuerkennen und Dankbarkeit auszudrücken. Es tut jedem gut zu hören, dass man geschätzt wird.

Wenn ich mich bemühe und etwas Gutes koche und sehe, wie es allen schmeckt, dann bereitet mir das große Freude. Wenn dann noch jemand ein paar lobende Worte sagt, dann bin ich besonders glücklich.

Liebevolle Worte tun allen gut und spornen an.

Vergleiche, wer denn die härtere Aufgabe habe, sind nicht hilfreich.

Entlastungen

Mutterschaft bringt einen enormen Umbruch in der weiblichen Entwicklung mit sich. Große Veränderungen erwarten Frauen, die sich darauf einlassen. Beziehungen verändern sich, der Beruf steht meist nicht mehr so stark im Vordergrund. Das Leben bekommt eine neue Sinngebung. Für viele wird es ausgefüllter, bisher unbekannte Freuden und Glücksgefühle treten auf. Mütter lernen eine Vielzahl an neuen Aufgaben zu bewältigen und sind dabei über ihre eigenen Kräfte und die Ausdauer überrascht.
Es gibt aber auch Frauen, die unter der neuen Situation leiden. Sie erleben ihre mütterlichen Pflichten als Last: Der Alltag wird unflexibler, das Geld knapper, nicht erahnte Belastungen treten auf. Neben Familie und gegebenenfalls Arbeit bleibt nur mehr wenig Platz für sich selbst. Damit Familie Freude bereitet und die persönliche Selbstverwirklichung der Mütter nicht allzu sehr leidet, ist es wichtig, bereits von Anbeginn an nach möglichen Entlastungen zu suchen.

Wenn ich im Familienalltag merke, dass ich müde werde und genervt bin, dann suche ich für mich nach Freiräumen, die mir ein Abschalten ermöglichen. Wenn dann mein Mann für mich einspringt oder meine Mutter in der Betreuung der Kinder Unterstützung anbietet, kann ich gut auftanken. Ich spüre dann, wie ich wieder ruhiger und gelassener werde. Die Entlastung, die ich zwischendurch erfahre, führt dazu, dass ich auch wieder belastbarer werde.

Den Vätern ihren Platz lassen

Mütter haben bedingt durch Schwangerschaft und Stillzeit eine sehr tiefe Beziehung zum Kind. Die Energie der Mutter richtet sich in den Anfängen fast ausschließlich auf das kleine Wesen, dem sie Nahrung und Schutz gibt. Aus dieser innigen Beziehung entsteht in der Folge oft eine mütterliche Dominanz in der Betreuung der Kinder.
Manche Mütter binden die Väter nicht oder kaum in die Arbeit mit dem kleinen Kind ein, meist aus der unbewussten Angst heraus, die privilegierte Beziehung zu verlieren. Sie nehmen dabei aber dem Kind eine wichtige

> Väter sind nicht nur ein besseres Kindermädchen oder die Hilfskraft für Notsituationen.

Bezugsperson, denn Väter können sich nur in dem Maße um die Kleinen kümmern, in dem die Mutter Platz lässt. Und sie wollen dies auch tun: Laut Umfragen möchte sich ein großer Teil der Väter mehr in die Erziehungsarbeit einbringen. Die Mütter können also ruhig darauf vertrauen, dass auch Väter für die Kinderbetreuung geeignet sind und ihre Sache gut machen. Der Vater ist ein gleichberechtigtes Elternteil. Gleichwertige Partner sein bedeutet, dass man sich über unterschiedliche Vorstellungen austauscht und versucht zu verstehen, wie es der andere sieht. Gerade im Bereich der Erziehung gibt es kaum absolute Wahrheiten. Die unterschiedlichen Haltungen der Eltern sind für die Kinder oft sehr bereichernd. So ist es z.b. für ein kleines Kind lehrreich, wenn ihm der Vater den Umgang mit einem Werkzeug zeigt, während die auf Sicherheit bedachte Mutter „es fast nicht mit ansehen kann". Auch so manche Konflikte können durch das Einbeziehen des Vaters gemindert werden.

Ich betreue seit Schulbeginn meine Tochter bei den Hausaufgaben. Regelmäßig gibt es dabei nervenaufreibende Streitereien. Ein Freund fragte mich neulich, warum ich denn nicht meinen Mann in die Sache einbeziehe. Daraufhin machte ich ihm diesen Vorschlag und wir beschlossen, dass er von nun an am Abend seiner Tochter etwas Zeit widmet, um sie bei den Aufgaben zu unterstützen. Ich war eigentlich total skeptisch, doch es hat funktioniert. Die Aufgaben sind zwar nicht so perfekt, wie ich es mir wünsche, aber auf jeden Fall hat sich die Situation entspannt und die Streitigkeiten haben ein Ende genommen.

Sich selbst achten

Mütter stecken viel Energie und Kraft in die Familie. Sie haben hohe Ansprüche an sich selbst und wollen alles richtig machen. Sie lesen Zeitschriften und Ratgeber und machen sich Gedanken darüber, was denn das Beste für alle sei: Was tut den Kindern gut, was brauchen sie? Was braucht mein Mann, wie kann ich ihn unterstützen?

Frauen, die Kinder haben, stärken im Laufe der Zeit die Aufmerksamkeit für die Bedürfnisse anderer, vernachlässigen dabei aber oft jahrelang die eigenen. Sie vergessen, für sich selbst zu sorgen, und machen sich über ihre eigenen Lebensentwürfe kaum noch Gedanken.

In Krisensituationen, vor allem bei Paarkonflikten, tritt dann immer wieder eine Opferhaltung zu Tage. Wer kennt sie nicht, die Vorwürfe der Frauen:

Sich auf den Partner verlassen zu können entlastet.

Mutter sein heißt nicht, auf alles verzichten zu müssen.

„Ich hab mich für dich und die Familie aufgeopfert, der Familie wegen habe ich meine Interessen vernachlässigt …"

Diese Opferhaltung ist nicht hilfreich, sie produziert höchstens Widerstand und Schuldgefühle im Partner. Dies kann vermieden werden, indem Frauen für ihr persönliches Befinden frühzeitig Eigenverantwortung übernehmen. Es sind nicht immer andere schuld an nicht realisierten Wünschen, ungetanen Dingen, nicht gemachten Erfahrungen. Es sind auch nicht immer andere Dinge wichtiger als wir selbst. Mutterschaft bedeutet zwar, sich selbst und die eigenen Möglichkeiten neu zu definieren, aber keinesfalls auf alles verzichten zu müssen, was einem lieb und wertvoll ist.

Mütter, die auch ihre eigenen Bedürfnisse wahrnehmen und pflegen, laufen weniger Gefahr im Alltagsstress unterzugehen. Dazu gehört auf sich selbst zu schauen, indem man den Körper und die Seele pflegt und sich gelegentlich auch Aus-Zeiten gönnt, in denen niemand etwas verlangt. Die eigene Neugier zu pflegen, die Möglichkeit, wieder etwas Neues auszuprobieren, sich in die kleinen und großen Abenteuer des Lebens hineinzubegeben, tut ebenso gut. Auch die Kinder schauen da genau hin und fragen sich „Was für eine Frau ist die Mutter? Fühlt sie sich wohl in ihrer Rolle als Frau, entwickelt sie sich, verändert sie sich?" Was Mütter dabei vorleben, hat einen wesentlichen Einfluss auf die Entwicklung der Identität und des Rollenverständnisses der Kinder. Dieses Vorleben ist mindestens genauso wichtig wie die Erziehung.

**Mögen Sie
sich selbst?**

**Echten Respekt
für sich selbst
entwickeln, ist die
beste Schule
für den Respekt
gegenüber anderen.**
Andreas Giger

Das, was ich bin, genügt

So wie man ein Recht darauf hat, von anderen respektiert zu werden, so ist es auch wichtig, sich selbst mit Achtung und Respekt zu begegnen. Man kann ohne schlechtes Gewissen mit sich selbst etwas freundlicher umgehen. In Elternrunden erlebt man immer wieder, wie wenig Menschen darüber nachdenken, was sie im Alltag alles gut und richtig machen. Anstatt nur zu sehen, was nicht klappt und nicht gefällt, kann man ruhig beginnen, die guten und liebenswerten Seiten von sich selbst, dem Partner und den Kindern in den Vordergrund zu rücken. Sich verstärkt auf Positives zu konzentrieren erzeugt persönliche Zufriedenheit und diese tut nicht nur den Müttern selbst, sondern auch allen um sie herum gut. Man kann auch lernen, mit den weniger geliebten Seiten von sich selbst umzugehen, indem man die kleinen persönlichen Eigenarten und Unzulänglichkeiten annimmt, anstatt sich ständig dafür zu verurteilen.

Authentisch sein

Mütter leben Abschnitte des Lebens durch die Kinder und entwickeln Teile der eigenen Identität durch sie weiter. Das Zusammenleben mit Kindern hat also viel mit der Frage nach dem eigenen Leben zu tun. „Wie bin ich? Welche Werte habe ich? Welches sind meine eigenen Möglichkeiten und Grenzen?" sind Fragen, auf die ganz persönliche Antworten gefunden werden müssen, denn danach handeln und erziehen wir. Je authentischer wir dabei sind, das heißt, je mehr wir mit uns selbst, unserer Geschichte und unseren Gefühlen im Einklang sind, desto wahrhaftiger sind wir für unseren Lebenspartner, unsere Kinder und Freunde.

Es geht schlussendlich auch um die Frage nach der eigenen Selbstverwirklichung, die für das persönliche Wohlbefinden und die Lebensfreude eine wesentliche Rolle spielt. „Was steckt in uns? Was können wir sein? Was ist uns möglich?" Um es mit den Worten des Zukunfts-Philosophen Andreas Giger zu sagen: Es ist wichtig, dass man darüber nachdenkt, „welches Selbst es wert sei, verwirklicht zu werden". Selbstverwirklichung bedeutet nicht einfach egoistisch durchzusetzen, was einem in den Sinn kommt, sondern sich mit der Frage zu beschäftigen, welchen Lebenszielen man eigentlich folgen will. Sich dann mit voller Aufmerksamkeit und größtmöglicher Zufriedenheit dem zu widmen, wofür man sich entschieden hat, ist in allen Lebensfragen eine grundlegende Voraussetzung, um sich wohl fühlen zu können.

Lust auf Muttersein

In anhaltenden Stresssituationen macht sich bei Müttern manchmal schon so etwas wie Neid auf Kinderlose bemerkbar, die Zeit für sich selbst, Ruhe und Freiraum haben. Trotzdem überwiegt bei den meisten die Freude und sie würden trotz aller Entbehrungen niemals mehr tauschen wollen.

Der Umgang mit den Kindern hat mir immer viel Freude bereitet, zu sehen, wie sie wachsen, mit ihnen zu lernen und zu spielen, gemeinsam Dinge zu unternehmen. Mit Kindern zu leben bedeutet eine einmalige Chance, in der Persönlichkeit zu wachsen. Ein Kind in die Welt zu setzen und ihm zu helfen, darin seinen eigenen Weg zu gehen, ist zwar eine mit Herausforderungen verbundene Aufgabe, doch es macht das Leben auch auf eine wunderbare Weise spannend und bereichernd.

Liebevolle Begegnungen pflegen

Wenn ich zu Hause bin, versuche ich ganz für die Familie da zu sein. Oft fehlt aber aufgrund der vielen Verpflichtungen die nötige Zeit, um auf das einzelne Kind einzugehen. Deswegen halte ich zwischendurch bestimmte Zeiten bewusst frei. So lese ich mit dem Kleinen abends eine Geschichte oder vergesse die Hausarbeit, um mit ihm spazieren zu gehen. Mit meinem älteren Sohn gehe ich samstags manchmal zum Skifahren, weil ihm das besonders gut gefällt. Dies sind dann alles besondere Zeiten, die wir sehr genießen.

Eine der bedeutendsten buddhistischen Persönlichkeiten der Gegenwart, Thich Nhat Hanh, schreibt in seinem Buch „Die Sonne, mein Herz": „Wenn wir aber mit unserem Herzen nicht bei ihnen sind, dann ignorieren wir ihre kostbare Präsenz, und sie sind für uns eigentlich nicht mehr vorhanden. Um ihren Wert überhaupt schätzen zu können, müssen wir uns ihrer Anwesenheit bewusst sein; dann können sie zu unserem Glück beitragen."

Kleine Dinge schätzen lernen

Im Familienalltag muss man sich oft in Geduld üben: bei nächtlichen Schreiübungen des Säuglings, bei Wutanfällen des Kleinkindes in der Trotzphase und während nerviger Auseinandersetzungen mit Jugendlichen. Da lernt man, sich selbst nicht so wichtig zu nehmen. Man muss auf das Gegenüber eingehen, sich einfühlen und nach geeigneten Lösungen suchen. Und in den Momenten, die man dann wirklich für sich hat, wird man aufmerksamer und zufriedener. Man lernt auch kleine Dinge zu schätzen und zu genießen, die ohne Kinder immer zu den Selbstverständlichkeiten gezählt haben wie etwa ausgedehnter Schlaf, ein gemütlicher Spaziergang oder ein schönes Buch.

Manchmal nutze ich kleine Momente, indem ich mir beispielsweise in der Früh vor dem Aufstehen fünf Minuten gönne, um mein kleines Kind liebevoll zu umarmen und mit ihm ein paar Worte zu wechseln. Der Tag beginnt anders, meine Gedanken, Gefühle und Wahrnehmungen werden ruhiger. Die Wärme und Frische des Kleinen helfen, zur Ruhe zu kommen.

Lebendig bleiben

Das Leben mit Kindern bedeutet eine ständige Auseinandersetzung mit neuen gesellschaftlichen Phänomenen. Man muss wach sein für alles, was da kommt, neue Musik, neue Technologie, neue Kommunikationsformen, neue Lebensphilosophien. Sich darauf einzulassen, neue Meinungen zu bilden und den Kindern klare Haltungen zu vermitteln, ist eine große Aufgabe.

Ich lerne so viel von meinen Kindern. Immer wieder muss ich bereit sein, meinen eigenen Horizont auszuleuchten. Durch ein offenes Betrachten erlange ich mehr Verständnis für die Veränderungen in der Welt. Es ist mir einfach nicht gestattet, träge zu werden.

Jugendliche halten den Erwachsenen einen Spiegel vor.

Besonders der Umgang mit Jugendlichen ist eine einschneidende Erfahrung. Pubertierende sind sprunghaft, schwer einschätzbar und unglaublich schnell. Da lernt man mit Unvorhersehbarem umzugehen und schnelle Entscheidungen zu treffen. Sich auf Pubertierende einzulassen und sich mit ihnen zu konfrontieren kann Eltern an die eigenen Grenzen führen. Manchmal werden sogar die eigenen Lebensentwürfe in Frage gestellt.

Wenn die Kinder unser langweiliges Spießerdasein durch den Kakao ziehen und uns bemitleiden, weil wir am Abend zu müde sind, um unsere Freunde und Bekannten zu treffen, dann müssen wir uns wohl oder übel der Frage stellen, wie zufrieden wir denn mit unserem eigenen Leben sind. Und das ist dann wieder ein Ansporn, Veränderungen einzuleiten.

Aufmerksam sein

Durch die Gespräche in der Familie lernt man genauer hinzuhören und aufmerksam zu sein. Ein liebevoller und respektvoller Umgang miteinander ist die Basis dafür. Man kann es lernen, die Gefühle der anderen zu achten, sie nicht ins Lächerliche zu ziehen, sondern sie ernst zu nehmen und gemeinsam nach Lösungen zu suchen. Nirgendwo anders kann man sich für Fehler und Ungeschicklichkeiten in dem, was man gesagt oder getan hat, so leicht entschuldigen wie in der Familie. In besonders innigen Beziehungen darf man ehrlich zueinander sein und braucht keine Angst zu haben, das Gesicht zu verlieren.

Sich aufgehoben fühlen

Familie bedeutet nicht zuletzt Zugehörigkeit, Schutz, Hilfe und Sicherheit – vor allem im Alter. Im Alter nicht einsam zu sein, vertraute Menschen um sich zu haben und von diesen unterstützt zu werden, gehört wohl zu den tiefsten menschlichen Erfahrungen.

Während der Begleitung meines Vaters in seiner Krankheit und beim Sterben spürte ich intensiv diese Unterstützung. Das Aufgehobensein, das Wissen, dass sich nicht nur die eigene Ursprungsfamilie, sondern auch Tanten, Onkel und andere Verwandte der Sorgen annehmen und verlässlich da sind, das gibt ein großes Gefühl von Sicherheit.

Die Liebe und gegenseitige Unterstützung in einer Familie sind aber keineswegs eine Selbstverständlichkeit. Grundlage für gelingende Beziehungen sind vor allem der gegenseitige Respekt und die Achtung der individuellen Unterschiede.

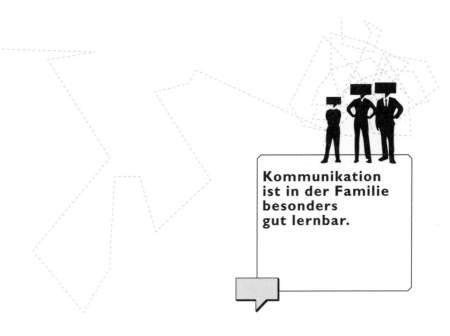

Kommunikation ist in der Familie besonders gut lernbar.

3. Mannsein – Vatersein

Für einen Mann in der heutigen Zeit Vater zu werden ist eine höchst spannende Angelegenheit. So manche neue Herausforderung kommt auf ihn zu. Neue Fragen stellen sich, die manchmal nur ganz persönliche Antworten finden. Welchem Männerbild soll man gerecht werden? Was für ein Mann ist der Vater von heute? Was macht das Vatersein in der heutigen Zeit aus? Welche Vorbilder sind dienlich? Sollen Väter ihre eigenen Väter als Vorbilder nehmen? Muss das Halbe-halbe-Prinzip zur Aufteilung der Haus- und Erziehungsarbeit eingehalten werden, um ein guter Vater zu sein? Reicht es aus, die Ernährerrolle einzunehmen? Müssen die Vorgaben der Erziehungsexperten erfüllt werden, die vom modernen Vater immer mehr fordern? Oder sollen Väter in erster Linie den Forderungen ihrer Frauen nachkommen?

Wenn Weiblichkeit in einer Gesellschaft neu definiert wird, dann verändert sich auch die Definition von Männlichkeit, was von Männern erwartet wird, welche Rollen ihnen zugewiesen werden. Männer und Frauen sind zurzeit damit befasst, ihr Verständnis der Geschlechter für die Ära der Gleichberechtigung neu zu definieren. Es scheint, dass dieser Prozess auch für die Männer eine Bereicherung wird. Das Vatersein spielt dabei eine zentrale Rolle.

Das Vatersein ist überhaupt einer der Schlüsselmomente, der Männern Gelegenheit gibt, sich in ihrer Geschlechterrolle weiterzuentwickeln. Wahrscheinlich ist der Übertritt zum Vatersein für viele Männer heute zu dem Moment geworden, wo sie sich von ihrer Jugendzeit verabschieden und beginnen, die Zeit des reiferen Erwachsenseins zu leben.

Vatersein heute hat viele Gesichtpunkte.

Das Vatersein entwickelt sich in erster Linie aus dem eigenen Mannsein.

Traumatisierte Vätergenerationen

Die erwachsenen Männer haben heute im Vergleich zu vielen der letzten europäischen Männergenerationen einen großen und bedeutenden Vorteil: Sie sind durch keinen Krieg traumatisiert worden. Viele unsere Großväter und Urgroßväter haben durch ihre Teilnahme an Kriegsgeschehnissen schreckliche Erfahrungen gemacht. Sie waren Opfer und Täter von Gewalttaten, haben Episoden tiefsten Leids miterlebt. Viele haben lange Jahre in Gefangenschaft verbracht. Die Erlebnisse blieben auch nach Kriegsende lebendig, als Bilder gespeichert in den Köpfen der heimkehrenden Männer, von denen viele Väter waren oder wurden. Diese Traumatisierungen wirkten auch in den Familien weiter, hatten Auswirkungen auf die Beziehungen, auf das Erziehungsverhalten und besonders auf die Entwicklung der Kinder, die dann in den 1960er Jahren selbst zu Vätern und Müttern wurden.

Manchmal brauchte es nur ein falsches Wort, einen unvorhergesehenen lauten Knall, eine kleine Verweigerung, und mein Vater ging außer sich. Dann wurde er unberechenbar, schrie uns an und schlug uns auch. In diesen Momenten erkannte ich ihn nicht mehr wieder, es war, als ob eine andere Kraft ihn leiten würde, als hätte sein Verhalten nicht nur mit dem zu tun, was jetzt im Moment geschah.

Studien besagen, dass eine Gesellschaft drei Generationen braucht, um traumatische Erlebnisse, wie sie ein Krieg mit sich bringt, zu verarbeiten. Erst die vierte ist wieder „frei" von den traumatischen Erfahrungen, kann ihre Handlungen ohne diese Last ausführen. Genau diese vierte Generation sind die Väter von heute. Sie können sich distanzieren von Gewalt als Instrument der Strafe und Erziehung. Von ihren Kindern verlangen sie weder lebenslangen Gehorsam noch Unterwerfung. Sie suchen nach anderen Formen, um ihre Autorität als Väter wahrzunehmen.

Angst vor dem Vaterwerden

Spricht man mit Männern über ihre Gefühle, bevor sie zum ersten Mal Vater werden, kommt manchmal auch ein Gefühl der Angst zur Sprache.

In der Zeit der Schwangerschaft meiner Frau hatte ich öfters diffuse Angstgefühle. Ich konnte sie mir gar nicht genau erklären. Ich freute mich ja auf das

Kind, auf unsere gemeinsame Zukunft. Aber dann waren da so viele offene Fragen. Bleibt uns genug Zeit, was bleibt an Freizeit, kann ich noch ausgehen? Haben wir genügend Geld? Wie werden sich unsere kinderlosen Freunde verhalten?

Die Angst des Mannes, sich auf das Vatersein einzulassen, hat auch damit zu tun, dass auf den ersten Blick die Vorteile für die Männer nicht sichtbar sind. Die Aufgaben des Vaters sind nicht klar umrissen, ebenso wenig ist werdenden Vätern klar, wie sich die Beziehung zu ihrer Frau verändern wird, welchen Platz sie in der neuen Familienkonstellation einnehmen werden und wie leicht ihnen der Zugang zu ihrem Kind fallen wird.

Väter haben einen schlechteren Start als Mütter. Manchmal werden sie anfangs gar nicht wahrgenommen oder eben nur, um der Frau „einen Teil der Arbeit mit dem Baby" abzunehmen. Sie laufen Gefahr, aus der engen Mutter-Neugeborenen-Beziehung ausgeschlossen zu werden. Oft müssen sie sich ihren Platz innerhalb der Familie erst erobern.

Bedingt durch die steigenden Scheidungs- und Trennungsraten verspüren manche Männer zusätzlich von Anfang an die Befürchtung, dass auch ihre eigene Beziehung zu Ende gehen könnte. Der Gedanke über die negativen Folgen und die materiellen Verluste einer späteren Scheidung bzw. Trennung können das Vaterglück trüben.

Vaterwerden – Vatersein

Andererseits können heutige Väter an viele Dinge unbelasteter und vorurteilsfreier herangehen als in vergangenen Jahrzehnten: den Kinderwagen stolz durch die Stadt fahren, das eigene Kind wickeln oder baden, das Essen für die Familie zubereiten, einkaufen gehen, ein Wochenende alleine mit den Kindern verbringen, sich in der Schule für die eigenen Kinder stark machen. All diese Möglichkeiten und noch viele mehr sind für die meisten Männer Erfahrungen, die sie zum ersten Mal innerhalb ihrer Familie machen.

Im Vergleich dazu waren für die Väter vergangener Generationen viele Dinge noch tabuisiert.

Wenn ich mir vorstelle, ich wäre als junger Vater in den 1960er Jahren alleine mit einem Kinderwagen durch die Stadt gefahren, um möglicherweise noch dazu einzukaufen – ich glaube, viele hätten sich umgedreht. Das hat ja niemand gemacht. Meine Freunde hätten mich ausgelacht. Das Sich-um-die-Kinder-kümmern war so nicht vorgesehen. Dinge wie Wickeln oder das Fläschchen zuzubereiten waren für einen Mann nicht vorstellbar. Am Sonntag den Tag gemeinsam verbringen ja, aber ansonsten wurde von uns verlangt, dass wir die Aufgabe der Ernährer einnehmen: von früh bis spät arbeiten und das Geld heimbringen.

Anders ist das für junge Väter heute. Durch das Vatersein kommen neue Einsichten und Handlungen dazu, die das eigene Mannsein ergänzen und erweitern. All die Tätigkeiten für die eigenen Kinder lassen den Glauben an sich selbst und das Vater-Selbstverständnis wachsen.

Studien belegen, dass Männer sich durch das Zusammensein mit ihren Kindern auch neue Fähigkeiten aneignen, die in der heutigen Arbeitswelt von ihnen verlangt werden. Sie lernen flexibel zu organisieren und schnelle Lösungen für Unvorhergesehenes zu finden. Sie lernen im Voraus zu denken und die Übersicht zu behalten. Aber vor allem können sie lernen, sich nicht so leicht aus der Ruhe bringen zu lassen.

Das häufige Zusammensein lässt aber noch etwas viel Wichtigeres entstehen: Es schafft Beziehung zwischen dem Vater und seinen Kindern. Kinder erleben ihren Vater nicht nur als Wochenend-Animateur, sondern als Unterstützer im täglichen Leben: als Schulbegleiter, Hausaufgabenhilfe, Gesprächspartner, Fußballcoach, Familienkoch, Beschützer in gefährlichen Momenten.

Auch auf der Gefühlsebene verändert sich einiges: Die Zuneigung für die Kinder, das Gefühl, Wärme, Nähe und Schutz zu geben, die Zärtlichkeit im Umgang sind für viele Männer neue Dimensionen des Erlebens.

Als wir in meinem Freundeskreis nacheinander Väter wurden, setzte sich unter uns ein besonderes Gefühl durch, am ehesten würde ich es mit Stolz beschreiben, mit einem Stolz, Vater geworden zu sein. Die Fähigkeit in sich zu haben, ein Kind zeugen zu können, lässt das Selbstwertgefühl steigen.

Es ist eine außergewöhnliche Erfahrung, als Vater die Zeit mit den Kindern mit gemeinsamem Tun zu verbringen. Das kann ein gemeinsames Arbeiten sein, im Garten, bei der Heuernte oder beim Bäumeschneiden in der Obstwiese. Oder es können so alltägliche Dinge sein, wie etwas im Haus reparieren, Besorgungen machen, am Fahrrad oder an Motoren herumbasteln oder gemeinsames Spielen.

Obwohl sich die Arbeitszeit für Väter kaum verändert hat, haben sie in ihren Familien noch nie so viel getan wie in der heutigen Zeit. Viele Väter von heute stecken in einem Dilemma: Sie möchten gerne mehr Zeit mit ihren Kindern verbringen, ihre Arbeitssituation erlaubt es ihnen aber nicht. Wenn es um Familienfreundlichkeit im Betrieb geht, denken viele nur an die Mütter. Es wird wahrscheinlich noch eine Generation brauchen, bis auch Väter selbstverständlich ihren Vaterschaftsurlaub antreten und um Teilzeit ansuchen werden, um mehr Zeit für ihre Kinder haben zu können.

Väter entscheiden selbst

Es macht allerdings einen Unterschied, ob Männer von sich aus mit den Kindern sein wollen oder dazu gedrängt werden, weil es die Frau will oder es der zurzeit gerade aktuelle Experte in den Medien verkündet. Männer sollen sich nicht zu sehr von einem Legitimationsdruck bemüßigt fühlen, der mehr der Abwesenheit ihrer eigenen Väter in der Vergangenheit gilt als ihnen selbst.

Die Forderung, dass Väter beispielsweise mit ihren Kindern spielen sollen, darf nicht zu einem Muss werden. Wenn man es gerne tut, ist es eine schöne Sache, aber es gehört nicht unbedingt zur Pflicht eines guten Vaters, Spielkamerad der Kinder zu sein. Väter, die nach Hause kommen, müssen nicht gleich zum Legokasten stürzen. Es kann auch sein, dass *mann* zuerst zur Ruhe kommt, einen Moment Pause braucht, sich auf das Sofa legt, die Zeitung liest, um nachher zu sagen:

Jetzt bin ich ganz da, jetzt habe ich abgeschaltet mit der Arbeitswelt, jetzt widme ich mich euch, meine Gedanken sind hier und nicht anderswo. Nun verbringe ich die Zeit mit der Familie, mit den Kindern ganz bewusst und genieße das Zusammensein.

Interessanterweise können die Mütter der heutigen Väter die Bereitschaft zu so viel Kinder- und Hausarbeit nicht ganz nachvollziehen. Manche erklären ihre Söhne für blöd und schwach, andere haben Mitleid mit ihnen, wiederum andere meinen, die Frauen von heute rächen ihre Mütter, die in ihrer Zeit zu kurz gekommen seien.

Vollzeitväter

Für viele Väter gehört es heute zu ihrem Selbstverständnis, nicht nur die Ernährerrolle einzunehmen, sondern auch als Erzieher, der eine eigenständige Beziehung zu seinem Kind aufbaut, zu wirken. Manche Männer leisten sich die Erfahrung – und aus der Sicht der Arbeitgeber oft auch den „Luxus" –, für einen bestimmten, auch nur ein paar Wochen dauernden Zeitraum, die Hauptverantwortung in der Erziehungs- und Hausarbeit zu übernehmen: Sie werden zu Hausmännern.

Nach einigem Hin und Her war die Entscheidung klar. Ich bleibe zu Hause und meine Frau arbeitet Vollzeit. Für drei Monate war ich der Verantwortliche fürs Haushalten und die Kinderarbeit: einkaufen, putzen, waschen, kochen, wickeln, baden, Fläschchen, Ordnung halten. Kein Büro, keine Kollegen, kein Chef mehr. Es war eine wichtige Erfahrung, wichtig, weil endlich konkret wurde, was es heißt, einen Haushalt mit Kindern zu führen. Wie viel Anstrengung, auch körperliche, damit verbunden ist. Wie frustrierend manche Arbeit ist, weil sie so schnell wieder zunichte gemacht wird. Wie schön andere Momente wieder sind. Wie selbstverständlich gewisse Leistungen vorausgesetzt werden, ohne dass man sich dafür je ein Lob erwarten kann. Anfangs war alles noch neu und interessant. Schön

> **Auch wenn es sich immer mehr Väter wünschen würden, unser Arbeitsmarkt ist noch weit davon entfernt, die Elternzeit für Väter als normalste Sache der Welt anzusehen.**

langsam merkte ich aber, wie sich eine Unzufriedenheit einschlich. Mir fehlte die soziale Anerkennung, und mir fehlte, dass meine geleistete Arbeit honoriert wurde, dass dafür kein einziger Cent zur Verfügung stand. Seitdem rechne ich es allen Frauen hoch an, wenn sie zu Hause bleiben, und es leuchtet mir nicht im Geringsten ein, wieso für diese wichtige Aufgabe keine angemessene finanzielle Vergütung eingeführt wird. Ich würde es mir für unsere Gesellschaft wünschen, dass Steuergelder für die Entlohnung der Haus- und Kinderarbeit eingesetzt werden.

Väter, die alles auf die Berufskarriere setzen, zahlen mitunter einen hohen Preis: wenig Zeit mit ihren Kindern, eine Vaterschaft vor allem per Telefon und ein Verzicht darauf, sich in Rollen außerhalb jener des Ernährers zu erleben.

Was hat Vatersein heute mit Autorität zu tun?

Als Vater ist es wahrscheinlich eine der größten Herausforderungen, die mit seiner Rolle verbundene Autorität zu leben und in sein eigenes Selbstverständnis als Mann einzubauen. Autorität und Disziplin sind Phänomene, mit denen sich ein Vater auseinandersetzen muss. Die Figur des Vaters steht innerhalb der Familie auch als Symbol für den Gesetzeshüter, den Beschützer und den Ernährer. In einer modernen Gesellschaft ist es nicht mehr wichtig, ob diese Rollen vom Mann oder der Frau oder von beiden eingenommen werden, dass sie aber von jemandem in der Familie wahrgenommen werden sehr wohl. Weiblichkeit und Männlichkeit, Vater- und Mutterrollen sind nicht mehr ausschließlich an das Geschlecht der Person gebunden. Das bedeutet, dass sich Väter zusammen mit ihren Partnerinnen überlegen müssen, wie sie diese elterliche Aufgabe bewältigen. Denn auf die Führung der eigenen Kinder kann nicht verzichtet werden. Das Verhalten eines Kindes zu beeinflussen, es zu erziehen, heißt auch, Grenzen zu ziehen, Regeln festzulegen und darauf zu bestehen, dass die Kinder die Regeln einhalten.

Am Anfang ist es vielleicht nicht so notwendig. Aber über die Jahre merkte ich, dass ich den Kindern neben der ganzen Liebe noch etwas Weiteres geben sollte. Sie sollten sich darauf verlassen können, dass es einen Rahmen gibt, in dem sie aufwachsen und der ihnen Struktur gibt. Ein Regelwerk sozusagen, bei dessen Einhaltung ich ihnen behilflich sein sollte. Nennen wir es Autorität, Disziplin oder Führung. Als Vater fühle ich mich dafür zuständig, diesen Orientierungspunkt zu geben. Bevor ich Kinder hatte, kannte ich diesen Gedanken, diese Haltung gar nicht. Es war ja auch niemand da, für den ich diese Aufgabe einzunehmen hatte.

Das Einnehmen dieser Rolle heißt auch, die eigene Selbstdisziplin wachsen zu lassen. Konsequent sein ist nicht einfach. Es bedarf einer gehörigen Portion Ausdauer, den äußeren Rahmen aufrechtzuhalten. Öfters wäre es leichter, über die Dinge hinwegzusehen, etwas nachlässiger zu sein, manches zu übersehen. Nur, ist den Kindern damit geholfen?

„Jugendliche sehnen sich nach Autorität", schreibt Bernhard Bueb in seinem viel diskutierten Buch „Lob der Disziplin". „Sie brauchen die Autorität von Erwachsenen, die ihnen Orientierung und Halt geben, die ihnen Vorbilder sind, die ihnen hohe Ziele vorgeben und Grenzen setzen, aber sie gleichzeitig ermutigen, die Grenzen zu überschreiten. Der Widerstand gegen Autorität führt in die Selbstständigkeit."

Wahre anerkannte Autorität braucht weder Gewalt noch körperliche Strafe. Sie verabscheut es, Kinder zu demütigen. Vielmehr nutzt sie für sich die Kraft, die in der Beziehung steckt.

Ich kannte das bereits vom Laufen. Zum Glück muss ich heute sagen. Bei langen Läufen lernt man seine Ausdauer kennen und schätzen, ebenso schult man die Selbstdisziplin. Dieses Wissen über meine Fähigkeiten war mir sehr hilfreich beim Erziehen der Kinder: immer wieder dran zu bleiben, meinen Kindern beizubringen, welches die Regeln sind, wo die Grenzen liegen, worauf wir in der Familie Wert legen, welche Verhaltensweisen nicht erwünscht sind. Gerade während der ersten Jahre ist es ein kontinuierliches Anleiten und dafür braucht es einen langen Atem. Als Nebeneffekt lernt man aber auch bei sich, diese Eigenschaft zu schätzen. Vor allem seit ich gemerkt habe, dass ich meine beim Erziehen erlernte Beharrlichkeit und Ausdauer auch in anderen Lebensbereichen nutzen kann.

Vatersein auf gleicher Augenhöhe

Eine zweite Herausforderung als Vater stellt sich, wenn *mann* tatsächlich als gleichwertiger Erziehungspartner angesehen werden will. Manche Männer müssen dafür einige Diskussionen und Konflikte mit der eigenen Partnerin in Kauf nehmen. Einige Frauen sehen in ihren Männern mehr einen Erziehungsgehilfen als einen gleichwertigen Partner.

Schau du mir auf die Kinder, sagte meine Frau anfangs immer, wenn sie für sich Wichtiges zu tun hatte. Mehr als auf „ihre" Kinder zu schauen, wenn sie weg war, dass sie sich nicht weh tun oder etwas anstellen, schien sie mir nicht zuzutrauen.

Studien belegen, dass Väter kompetent und einfühlsam mit Neugeborenen, Säuglingen und Kleinkindern kommunizieren können. Kinder sind von Geburt an imstande, sowohl zur Mutter als auch zum Vater eine Bindung aufzubauen.

Die Unterschiede, die eventuell auftreten, haben eher mit einer mangelnden Übung als mit einem „angeborenen Defizit" von Männern zu tun. Wie sehr sich Männer an der Erziehung beteiligen, hängt auch davon ab, inwieweit Frauen dies zulassen, ob sie Männer in der Pflege miteinbinden und ihnen gerade am Anfang beim Aufbau einer Beziehung behilflich sind, sozusagen die Tür zum Kind öffnen.

Wenn auf der einen Seite manche Männer das Vertrauen ihrer Frauen für ihre Erziehungskompetenzen erst gewinnen müssen, gibt es andererseits viele Frauen, die hohe Ansprüche an die Väter ihrer Kinder stellen.

Ich war in meinem Freundeskreis einer der ersten, der Vater wurde. Allen, die nach mir kamen, gab ich bloß einen guten Ratschlag. Alles, was du von deinem bisherigen Leben aufgibst, ist weg. Solltest du es wiederhaben wollen, musst du hart dafür ringen. Überleg dir gut, welche Zugeständnisse du machst und welche Bereiche du nicht bereit bist aufzugeben.

So schön das Vatersein ist, es tut unheimlich gut, einen Teil seines Lebens mit einer Tätigkeit auszufüllen, die nichts mit Arbeit und Familie zu tun hat. Für manche Männer ist es eine Sportart. Die Bergstraße mit dem Rennrad, die Joggingstrecke, der Klettergarten, das Fußballfeld werden die Orte, wo man ganz bei sich sein kann. Für andere ist es das Hobby, der Garten, der wöchentliche Saunaabend, das Ausgehen mit Freunden. Zu viel Rücksicht führt in die Resignation, in die Enttäuschung, manchmal auch in die Kränkung. Beim chronischen Zeitmangel junger Familien schränken Männer zuerst meist die Zeit mit Freunden und Bekannten ein, dann jene für den Sport. Ob sie sich und der Familie damit einen Gefallen tun, muss in Frage gestellt werden.

4. Beziehung leben

„Der Mensch wird am Du zum Ich", sagt Martin Buber. Damit spricht er ein Grundbedürfnis, eine Grundsehnsucht des Menschen nach Beziehung an. In der Beziehung zum Du lernen wir etwas über uns, was wir wollen und was wir ablehnen. Die Auseinandersetzung mit für uns wichtigen Menschen ist eine Möglichkeit zu erfahren, wer wir sind und sein können. Mehr über sich zu erfahren fördert die Beziehungsfähigkeit. Der Wunsch, von einem Du bedingungslos geliebt zu sein und in seiner Einzigartigkeit verstanden zu werden, ist groß. Die Sehnsucht, im eigenen Verhalten anerkannt, in verschiedenen Situationen respektiert und bei Bedarf unterstützt zu werden, ist im Menschen grundgelegt.

Meine Frau fordert mich ganz schön heraus und durch die intensive Beziehung zu ihr kommt so manches in mir in Bewegung. Ich merke immer mehr: Wenn ich bereit bin, mich auf sie einzulassen und sie an meiner Innenwelt teilhaben zu lassen, entsteht ein Wachstumsprozess.

Miteinander Kontakt haben bedeutet, sich aufeinander einzulassen, sich für die Welt des anderen zu interessieren, daran teilzunehmen und den anderen wichtig zu nehmen. Dies kann eine Herausforderung und ein Nährboden für gelingende Partnerschaft sein. Der Schweizer Paartherapeut Jürg Willi schreibt: „Es gibt nichts, was ein Leben so herausfordert, wie eine auf Dauer angelegte Paarbeziehung." Wenn ein Mann und eine Frau miteinander eine Partnerschaft eingehen, entsteht zwischen ihnen etwas ganz Neues. Das Neue kann spannend sein, Entwicklung fördern, Glücksmomente ermöglichen, Zufriedenheit bringen. Damit dies so bleibt, ist ein stetes Bemühen um die Partnerschaft notwendig. Es lohnt sich, diese Herausforderung einzugehen und das „Abenteuer" Beziehung zu wagen.

Die Erfahrung, in der Beziehung ernst genommen zu werden, lässt Intimität entstehen.

Partnerschaft auf Dauer ist nicht dauernd verliebt sein, sondern sich selbst und den anderen kennen zu lernen in den Bedürfnissen und in der Verletzlichkeit.

Lasst die Liebe wachsen

Liebe wächst, wenn sich zwischen zwei Menschen eine Grundhaltung der Achtung und des Respekts breit macht, wenn eine Neugier auf Entdeckung des anderen erhalten bleibt, wenn Achtsamkeit geübt wird. „Es ist bemerkenswert", meint der Schriftsteller Max Frisch in seinen Tagebuchnotizen, „dass wir gerade von dem Menschen, den wir lieben, am mindesten aussagen können, wie er sei. Wir lieben ihn einfach. Eben darin besteht ja die Liebe, das Wunderbare an der Liebe, dass sie uns in der Schwebe des Lebendigen hält, in der Bereitschaft, einem Menschen zu folgen in allen seinen möglichen Entfaltungen. Wir wissen, dass jeder Mensch, wenn man ihn liebt, sich wie verwandelt fühlt (…). Unsere Meinung, dass wir den anderen kennen, ist das Ende der Liebe."

Dem anderen Wachstumsveränderung und Entwicklung zuzugestehen, ist Ausdruck von gegenseitigem Respekt und Liebe.

Unsere Beziehung ist immer in Bewegung und das ist manchmal ganz schön anstrengend. Wir sind jetzt bald zehn Jahre ein Paar und ich merke, wie sehr sich mein Mann verändert hat. Er ist ernster geworden und manchmal fehlt ihm die Leichtigkeit der jungen Jahre. Aber ich erlebe ihn auch erwachsener in der Art, wie er Verantwortung übernimmt und ich mich bei ihm sicher und ernst genommen fühle. Mit dem Wachsen unserer Familie haben sich auch die Schwerpunkte und Probleme unserer Partnerschaft geändert.

Das Gelingen einer Paarbeziehung
hängt von der Fähigkeit des Paares ab,
Selbstverwirklichungsansprüche,
die Entwicklung als Paar und
die Verantwortung als
Eltern miteinander zu verbinden.

Kinder dürfen
kein Partnerersatz
werden.

Kinder wollen beide
Eltern lieben.

Das Paar in der Familie

Neben dem Beruf und der Organisation des Alltags lernen Eltern verschiedene Ebenen wahrzunehmen, zu pflegen und voneinander zu trennen: die individuelle Ebene mit den ganz persönlichen Bedürfnissen, die Paarebene mit den Bedürfnissen als Paar und die Elternebene mit dem Blick auf das Familienwohl, ohne sich dabei ausschließlich auf die Kinder zu fixieren. Dass die Zeit für die Wahrnehmung aller drei Ebenen knapp sein kann, ist offensichtlich. Es müssen Prioritäten gesetzt werden.

Manchmal haben wir das Gefühl, dass überhaupt keine Zeit mehr übrig bleibt, weil unser Alltag so durchorganisiert ist. Zwischen Haushaltspflichten, Ämtergängen, Reparaturen, familiären, beruflichen und sozialen Verpflichtungen fragen wir uns manchmal, ob es in unserem Leben nur mehr um den reibungslosen Ablauf geht. Manchmal gelingt es uns aber doch, gemeinsame Momente zu nutzen und zu genießen.

Eine Paarbeziehung ist kein Selbstläufer. Ohne Einsatz wird sie von selber schlechter. Wie eine Pflanze ständig gepflegt werden muss, um zu wachsen und sich zu entfalten, muss auch eine auf Dauer angelegte Beziehung laufend genährt werden, um bestehen zu bleiben, zu wachsen und zu gedeihen.

Wenn man keine eigenen Visionen und Träume mehr hat und keine gemeinsamen Perspektiven in der Partnerschaft möglich sind, dann besteht die Gefahr, diese über die Kinder zu leben. Dies nimmt den Kindern jedoch ihre eigenen Visionen. Kindern geht es gut, wenn die Rolle der Eltern klar abgegrenzt ist von der Rolle der Kinder. Es ist gut, wenn Eltern für sich selber sorgen, damit Kinder nicht in Umkehrung der Rollen mit den Eltern Mitleid haben müssen.

Ich hätte es mir als Kind oft gewünscht, sorglos mit meinen Freunden zu spielen. Ich habe jedoch meine Mutter häufig weinen gesehen, weil mein Vater ständig abwertende Bemerkungen machte und nur selten da war. Ich sah mich verpflichtet, die Mutter zu trösten und ihr nicht auch noch Kummer zu machen. Eigene Wünsche sind dann oft auf der Strecke geblieben. Ich habe jene Kinder beneidet, die unbeschwert sein konnten.

Wenn Erwachsene für sich selber sorgen können, dann müssen es nicht die Kinder tun. Eltern tun den Kindern nichts Gutes, wenn sie sich bei den Kindern über den Partner oder die Partnerin beklagen. Dadurch kommen Kinder in Loyalitätskonflikte.

Guter Körperkontakt zwischen Eltern und Kindern lässt die Kinder die Liebe ihrer Eltern spüren. Übertriebene Zärtlichkeiten können jedoch Ersatz für mangelnde Partnerliebe sein und den Kindern sogar schaden.

Für gemeinsame Zeit sorgen

In einer Partnerschaft gibt es Zeiten von unterschiedlicher Intensität, Zeiten des alltäglichen Miteinanders, aber auch Hoch-Zeiten, die eine besondere Bedeutung haben.

Ich denke gerne an die Augenblicke, in denen ich mich verstanden fühlte, an die Augenblicke, in denen ich spürte, ich kann mich auf meinen Mann verlassen, in denen ich wusste, dass wir unsere Sorgen gemeinsam tragen. Dann gab es Momente, die außergewöhnlich „dicht" waren. Es gab „Sternstunden", die ich nie vergessen werde, Augenblicke, in denen die Zeit gleichsam stillstand: der Augenblick, in dem wir uns das Jawort gaben, die Geburt unserer Kinder, Zeiten, in denen wir Schweres miteinander getragen haben – das hat uns tiefer miteinander verbunden.

Um in gutem Kontakt zu bleiben, um Gemeinsames zu entdecken, braucht es Zeit. Besonders in der Kleinkindphase sind feste Paar-Zeiten wichtig, damit sich Paare nicht aus den Augen verlieren. Sich regelmäßig etwas Zeit gönnen öffnet den Blick füreinander und macht die Gedanken wieder frei für neue Herausforderungen.

Als Paarberater treffe ich manchmal auf Eltern von sechs- bis siebenjährigen Kindern, die mir erzählen, dass sie, seit sie Eltern sind, nie mehr als Paar gemeinsam ausgegangen sind.

> **Manche Paare leben ausschließlich die Elternschaft, was zu Unzufriedenheit in der Paarbeziehung führt.**

Jede Beziehung entwickelt für die Zeiten zu zweit ihre eigene Form. So kann zum Beispiel der allabendliche Spaziergang aktive Beziehungspflege sein und Gemeinsamkeit und Austausch schaffen. Einander Zeit schenken kann auf vielfältige Weise erfolgen.

Wir nützen an manchen Abenden die Zeit, wenn die Kinder im Bett sind, um zusammen zu sein. Wir hören gerne miteinander Musik, das schafft ein Gefühl der Verbundenheit und bedeutet uns gemeinsame Zeit zum Entspannen und zum Zueinander-Finden. In solcher entspannter Atmosphäre ist es für uns leichter, uns zu verwöhnen und uns zu erzählen, was über den Tag erlebt wurde, wir werden los, was uns noch beschäftigt, lassen uns teilhaben an für beide wichtigen Gefühlen oder genießen einfach schweigend die gemeinsame Zeit.

Paare lernen Zeiten zu zweit bewusst einzuplanen und zu organisieren. Dafür ist es eben manchmal auch notwendig, sich dies etwas kosten zu lassen z. B. für eine Kinderbetreuung. Paare, die ihre konkreten Wünsche äußern, schaffen die Möglichkeit, dass solche Wünsche auch erfüllt werden.

Zwischen Pflicht und Lust

Wenn aus Paaren Eltern werden, spielt sich viel im Pflichtbereich ab. Die Lust kommt dabei oft zu kurz, ebenso das Innehalten und das Auftanken als Voraussetzung für ein förderndes Beziehungsleben.

Die Versorgung der wachsenden Familie, gesundheitliche Probleme und berufliche Verpflichtungen wurden zunehmend zu einer Zerreißprobe für unsere Partnerschaft. In dieser Zeit haben wir die sehr wichtige Erfahrung gemacht, dass es Prioritäten für unsere Beziehung braucht. Ohne Zeit füreinander, ohne das gute Gespräch miteinander erlischt Liebe sehr schnell. Erst langsam haben wir begriffen, dass wir wieder einen Zugang zum Lustvollen im Alltag finden mussten. Wir haben wieder angefangen, Gemeinsames zu pflegen. Aus dem heraus hat sich wieder eine gute Intimität entwickelt und auch unsere Sexualität ist wieder schön geworden.

Für eine zufriedenstellende Beziehung braucht es eine Ausgewogenheit zwischen dem, was als lustvoll, entspannend und befriedigend erlebt wird, und dem, was der Alltag fordert. Lust hat mit Genuss und Genussfähigkeit zu tun. Begegnet man dem Alltag mit einer positiven Grundeinstellung, wird man empfänglich für besondere Augenblicke und dankbar für das Schöne und Gute, das der Alltag in sich birgt. Daraus kann ein Gefühl der Zufriedenheit entstehen – eine gute Voraussetzung für eine positive

Lebenseinstellung. Es hängt vom Einzelnen ab, inwieweit die Bereitschaft und die Sensibilität für das Genießen da sind und inwieweit die innere Erlaubnis dazu gegeben wird. Bei einer großzügigen Haltung des Partners fällt es leichter, mit inneren Wünschen nach dem Lustvollen in Berührung zu kommen und zu ihnen zu stehen.

Liebe ist großzügig.

Mit Stress umgehen lernen

Stress bestimmt sehr oft den Alltag. Oft ist Stress Ursache für Unbehagen in der Paarbeziehung. Stress als Auslöser für Unverständnis und Streit ist der Beziehungskiller Nr. I. Es sind in erster Linie nicht die dramatischen Stressereignisse wie Todesfälle oder Krankheit, die eine Partnerschaft zu sehr belasten, sondern vielmehr der andauernde Alltagsstress. Dazu zählt der Stress im Berufsleben, in der Freizeit, in der Kindererziehung. Gleichzeitig haben Paare oft weniger Zeit, Freundschaften zu pflegen oder Freizeitaktivitäten nachzugehen, die früher als Ausgleich dienten. Paare sind somit nicht mehr in der Lage, sich zu regenerieren, um genügend Energie für ihren Beziehungsalltag zu tanken. Das Ergebnis sind Frust, Lustlosigkeit, Aggressivität, mangelnde Freude am Leben und an der Paarbeziehung selbst. Unter Stress tauschen sich Paare kaum positive Rückmeldungen und Wertschätzung aus, ziehen sich zurück und nehmen häufig kritische Äußerungen oder Vorwürfe in den Mund, was wiederum zu Verletzungen führt. Oft hoffen Paare, dass ihnen ihre Beziehung einen Ausgleich für den Stress im Beruf oder mit den Kindern schenkt, und sind dann doppelt enttäuscht, wenn sie feststellen, dass auch die Pflege der Partnerschaft Energie und Zeit beansprucht.

In bestimmten Beziehungsphasen hatte ich keine andere Wahl als zu funktionieren, doch merkte ich bald, dass es wichtig war, den Zeitpunkt nicht zu verpassen, an dem die Beziehung wieder an der Reihe sein muss. Es ist zwar möglich, den „Energieschwerpunkt" auf Kinder, Partner, Arbeit oder sich selbst zu legen, aber kein Bereich darf permanent und total vernachlässigt werden.

Genau genommen ist es nicht der Stress selbst, der eine Partnerschaft belastet und kaputt macht, sondern vielmehr die Art und Weise, wie Paare damit umgehen und wie sie sich gegenseitig bei der Bewältigung unterstützen. Dazu kann es hilfreich sein, den Stress und die Situationen, die dazu führen, zu benennen. Paare sollen um den destruktiven Einfluss von Stress auf ihre Beziehung wissen und wahrnehmen, was dabei passiert, denn nur so können sie dem Stress entgegenwirken.

Zufriedene Paare haben gelernt, Stress beim Partner besser wahrzunehmen. Sie sind eher bereit, sich gegenseitig zu unterstützen und Belastungen gemeinsam anzugehen. Guy Bodenmann regt an, als Stressausgleich kreative, soziale, kulturelle und körperliche Aktivitäten bewusst zu planen und wertzuschätzen und den Partner zu ermutigen, dies auch zu tun.

Ich und Wir

Jeder Mensch lebt und erlebt auf seine ganz persönliche Weise Bindung und Beziehung. Bindungsmuster entwickeln sich in den ersten Lebensjahren. Durch die zuverlässige Zuwendung der Eltern und anderer wichtiger Bezugspersonen entwickelt ein Kind Bindungssicherheit. Im Erwachsenenalter werden Bindungen als befriedigend erlebt, wenn die Bedürfnisse, Gefühle, Werte und Ziele beider Partner genügend Platz haben und regelmäßig reflektiert werden. Somit entsteht eine Paaridentität. Die Phase des verliebten Findens ist nur ein Anfang, denn Beziehung ändert sich. Am Anfang einer jeden Beziehung, in der Phase der Verliebtheit, versucht jeder ein Idealbild von sich und seinem Partner zu zeichnen. Vom wirklichen Lieben kann man erst dann sprechen, wenn die Zeit der Ent-täuschung überwunden ist.

Wir sind schon lange ein Paar und der Reiz des ersten Begehrens ist vorbei. Nun geht es darum herauszubekommen, welche unserer persönlichen Facetten miteinander harmonieren bzw. wo Unterschiedlichkeiten bestehen. Vor allem zu Beginn unserer Beziehung war jede Begegnung eine Erkundung und ein Balanceakt zwischen Sicherheit und Unsicherheit. Wir wollten nur unsere besten Seiten zeigen. In einer reifen Beziehung gelangt jeder für sich zu emotionaler Autonomie.

Erst wenn ich mir vertraue, mich annehme, wie ich bin, meine Stärken und Schwächen annehme, bin ich in der Lage, mich auf meinen Partner einzulassen und Vertrauen in die Beziehung zu entwickeln.

Wenn Menschen einander lieben, möchten sie nichts sehnlicher, als dass ihre Liebe bleibt, ihre Beziehung Bestand hat und sie miteinander alt werden können. Das ist eine zutiefst menschliche Sehnsucht. Treue hat nichts an Wert eingebüßt und bringt das tiefe Bedürfnis der Menschen nach Verlässlichkeit und Bindung zum Ausdruck. Studien belegen, dass Treue nach gegenseitigem Respekt und Anerkennung als wichtigstes Merkmal einer Partnerschaft oder Ehe gesehen wird, und das gilt für Junge wie für Alte gleichermaßen. Das ist Ausdruck einer tiefen Sehnsucht, sich an einen anderen Menschen zu binden, auf den man sich – nicht nur in sexueller Hinsicht – verlassen kann, der einem auch durch Schwierigkeiten und Krisen hindurch die Treue hält.

Fig. 1 b

Verantwortung teilen

Für jede Partnerschaft ist die Herstellung einer Gleichwertigkeitsbalance wichtig.

„Die Frau bleibt, auch wenn sie berufstätig ist, für Beziehung, Familie und alle Fürsorgeaufgaben, also für die Bindung zuständig, während der Mann im Beruf sehr viel mehr Möglichkeiten hat, seine Autonomie zu entfalten", meint der Paartherapeut Hans Jellouschek. „So entstehen Polarisierungen, die auf die Dauer die Beziehung gefährden, denn auf der bewussten Ebene sind beide und vor allem die Frauen mit dieser ‚Schieflage' nicht mehr einverstanden. Die Balance kann allerdings auch dadurch Schaden erleiden, dass beide zum Beispiel ihre Autonomie so stark betonen, dass sie sich nie wirklich aufeinander und damit auf Bindung einlassen. Oder auch dadurch, dass beide so sehr die Bindung betonen, dass sie sich gegenseitig keinen Freiraum erlauben, also ihre Autonomie behindern und vernachlässigen."

Auf Abstand gehen – sich nahe sein

Von Schopenhauer ist folgende Geschichte bekannt: „Eine Gesellschaft Stachelschweine drängte sich an einem kalten Wintertage recht nah zusammen, um sich durch die gegenseitige Wärme vor dem Erfrieren zu schützen. Jedoch bald empfanden sie die gegenseitigen Stacheln, welche sie dann wieder voneinander entfernten. Wann nun das Bedürfnis der Erwärmung sie wieder näher zusammenbrachte, wiederholte sich jenes zweite Übel, so dass sie zwischen beiden Leiden hin- und hergeworfen wurden, bis sie eine mäßige Entfernung voneinander herausgefunden hatten, in der sie es am besten aushalten konnten."

Diese Erzählung beschreibt in anschaulicher Weise, wie schwer es ist, auf die Frage nach Nähe und Distanz eine richtige Antwort zu finden und wie gut es einer Beziehung tun kann, wenn diese geklärt und abgestimmt ist. Auch diese Frage kann nicht ein für alle Mal geklärt werden, weil sich die Bedürfnisse stets ändern. Es gibt eine heilsame Nähe und eine Nähe, die erstickt und für die Beziehung bedrohlich ist. Heilsame Nähe kann bedeuten: Ich gebe dir jene Nähe, die du magst, die du brauchst, die dir gut tut. Aber ich respektiere deine persönlichen Bedürfnisse und lasse dir deinen Freiraum.

Liebe will Nähe, die sich in verschiedenen Formen des Miteinanders zeigt.

Weil ich mir vorgenommen habe, mit meinem Mann achtsam umzugehen, und ihn schätze, achte ich sein Bedürfnis nach Freiheit. Das ist mir wichtig. Zwar verstehe ich unsere Unterschiedlichkeiten nicht immer, aber im Vertrauen auf unsere Liebe machen sie mir weniger Angst.

Zu viel Nähe kann die Liebe zerstören, denn jede Beziehung braucht auch ihre Freiräume und ihren Abstand. Zu viel Distanz hingegen kann zwei Menschen einander entfremden. Mehr Nähe heißt allerdings nicht automatisch mehr Liebe. Das Bedürfnis nach Nähe ist nicht bei jedem Partner immer gleich stark ausgeprägt. Zudem gibt es unterschiedliche Charakter-Typen mit unterschiedlichen Bedürfnissen nach Nähe. Hier wird es zur Herausforderung für die Partnerschaft, füreinander und für sich das richtige Maß zu finden.

Ich merke erst jetzt, dass wir als Paar sehr unterschiedliche Bedürfnisse haben. Lange habe ich es mir nicht eingestanden, wohl aus Angst, meinen Mann zu kränken oder ihn zu verlieren. Gerade wenn ich Nähe suche, braucht er mehr Freiraum und Distanz. Ich merke, dass zwischen uns beiden unterschiedliche Gefühle sind: Wenn mein Mann sich umklammert fühlt und genervt ist, fühle ich mich abgewiesen. Ich merke immer mehr, dass ich auch auf meine Gefühle horchen und meine Wünsche ernst nehmen muss.

Die jeweiligen Bedürfnisse auszusprechen hilft, als Paar gemeinsam den besten Kontakt zu bestimmen, auszuhandeln und einen Kompromiss zu finden, mit dem beide gut leben können. Dabei die eigenen Grenzen wahrzunehmen heißt zu überlegen: Wo will ich meinen Partner einbinden und wo bleibe ich lieber allein? Da sich das Bedürfnis nach Nähe immer wieder ändert, ist es hilfreich, von Zeit zu Zeit zu überlegen, ob das Verhältnis von Gemeinsamkeit und Freiheit noch für beide gültig und gut ist.

Einander verstehen wollen

Einander verstehen wollen heißt, sich in den Partner hineinfühlen. Das bezieht sich nicht nur auf dessen Bedürfnisse, Wünsche, Hoffnungen, Ängste und Erwartungen, sondern auch auf dessen Lebensgeschichte. Nicht zuletzt durch die Erfahrungen im Laufe seines Lebens ist er zu dem geworden, wie er sich heute zeigt. Einander verstehen wollen hat aber nichts mit falscher Rücksichtnahme zu tun. „Ich glaube, die Rücksichtnahme hat die Liebe getötet", sagt Marianne zu Johannes in „Szenen einer Ehe" von Ingmar Bergman. Einander verstehen wollen kann auch bedeuten, sich nicht aus Rücksicht aus dem Weg zu gehen und mit Samthandschuhen anzufassen, sondern sich treffen zu lassen, selbst wenn es vielleicht weh tut.

Der amerikanische Psychologe John Gottman vergleicht Beziehungen mit einem Girokonto: Wird zu wenig eingezahlt und zu viel abgehoben, droht das Scheitern. Seiner Einschätzung nach müssen auf jede negative Reaktion mindestens fünf positive folgen, wenn die Beziehung halten soll.

Auseinandersetzungen riskieren – Beziehungsqualität gewinnen

Für den guten Verlauf einer Beziehung sind weniger die auftretenden Schwierigkeiten und Probleme entscheidend als die Art und Weise, wie Partner damit umgehen, welche Gesprächs- und Konfliktlösefertigkeiten sie miteinander entwickeln. Zwei Dinge scheinen Paare, wenn es um Auseinandersetzungen geht, besonders zu fürchten: die Zuwendung des Partners zu verlieren und die eigene Position aufgeben zu müssen.

Manche haben vor dem Wort „Konflikt" Angst oder verbinden damit ein ungutes Gefühl, weil sie sich an schlechte oder gar dramatische Erfahrungen erinnern, die sie am liebsten vergessen würden.

> **Wenn Paare Auseinandersetzungen wagen, können sie immer wieder gleichen und wiederkehrenden Problemen die Spitze nehmen, so dass zum Beispiel unterschiedliche Bedürfnisse oder Erwartungen nicht in eine Kränkung des Partners münden.**

Wenn Paare betonen, dass es bei ihnen keine Konflikte gibt, ist der Verdacht berechtigt, dass manches nicht offen gesagt, wahrgenommen oder zugelassen wird oder werden kann.

In unserer Beziehung spielen sich immer wieder dieselben Szenen ab. Lange Zeit habe ich die Schuld bei meinem Mann gesucht, bis ich irgendwann gemerkt habe, dass, wenn mich etwas an ihm aufregt, das möglicherweise mit mir zu tun hat. Das von mir Abgelehnte schlummert in meinem Inneren und macht mir Angst. Ich habe dann verstanden, dass es der Auseinandersetzung mit meinem Mann viel Schärfe nimmt, wenn ich mich diesem „Schatten" in meinem Inneren zuwende.

Konflikte haben häufig tiefere Ursachen. Manchmal tun Paare gut daran, bei Verständigungsproblemen ihre persönliche und gemeinsame Geschichte zu durchleuchten. Manches Liebesleid kann seine Ursache in weit zurückliegenden Verletzungen haben. Es braucht Geduld und Vertrauen, eingefahrene negative Einstellungen zu verändern. Der Familientherapeut Fritz Fischalek meint dazu: „Partnerschaft ohne Konflikte gibt es nur im Märchen. Der Ehealltag ist voller Spannungen, die nur teilweise vermeidbar sind. Sie können eine Beziehung schwer gefährden, aber auch zu einem vertieften Zusammenhalt führen, wenn es gelingt, die Konflikte in einer verständnisvollen Auseinandersetzung zu bewältigen."

Reden verbindet – Schweigen trennt

Miteinander reden ist ohne Zweifel ein Grundpfeiler jeder Partnerschaft. Doch wenn Partner die Kommunikation nicht pflegen, werden sie sich möglicherweise bald nicht mehr viel zu sagen haben. Tatsächlich scheitern viele Partnerschaften an der mangelhaften Kommunikation. Untersuchungen zeigen auf, dass ein Paar im Durchschnitt ganze sechs Minuten am Tag miteinander redet. Da bleibt vieles, zu vieles, womöglich über Jahre unausgesprochen. Am Ende steht zu oft das große Schweigen. Das muss nicht so sein! Paare, die achtsam kommunizieren, können ihre Liebe zueinander dauerhaft am Leben erhalten und stetig vertiefen. Dazu braucht es Bereitschaft, genügend Zeit und einen geeigneten Ort.

Das offene Gespräch

Offene Kommunikation bedeutet Mitteilung von Erlebnissen, Wünschen, Gefühlen, Erwartungen sowie Klärung von Missverständnissen und die Bereitschaft zur Lösung von Problemen und Konflikten. Die Beteiligten fühlen sich in ihren Gefühlen und Gedanken verstanden und akzeptiert. In dieser Art von Kommunikation werden „Ich-Aussagen" bevorzugt und „Du-Aussagen" vermieden. „Ich-Aussagen" teilen etwas von sich selbst mit, geben eigene Empfindungen, Wertvorstellungen, Ansichten usw. wieder. Sie klingen nicht so absolut und drücken die eigene Sichtweise aus. „Du-Aussagen" beinhalten häufig Vorwürfe und Anklagen. Sie haben den Anstrich des Absoluten. Sie lassen dem anderen keinen Ausweg und nur geringe Chance zur Veränderung. „Du bist eben so!" – eine solche Aussage scheint unwiderruflich, „nagelt" den anderen fest und kann kränken. „Ich erlebe dich so" – eine solche Aussage lässt offen, ob der andere es ebenfalls so empfindet und erlebt.

Das gemeinsame Gespräch ist uns sehr wichtig. Ich muss spüren, dass mein Mann wirklich mich meint. So kann ich meine Vorbehalte fallen lassen und meine Muster aufgeben, so kann ich mit ihm lachen und brauche mich meiner Tränen nicht zu schämen.

Offene Kommunikation bedeutet nicht unbegrenzte Freiheit, alles zu sagen. Sie hat mit Sensibilität zu tun, zur richtigen Zeit das Richtige zu sagen und nicht zu vergessen: „Der Ton macht die Musik." Diese Form der Kommunikation ist daher an gewisse Voraussetzungen gebunden, sie hängt von Zeitpunkt und Ort, Stimmung der beteiligten Personen, vertrauensvoller Atmosphäre und der Bereitschaft, aufeinander einzugehen, ab. Je nach Situation und Verfassung der beteiligten Personen muss ein Gespräch auch einmal zeitlich verschoben werden können. Dabei gilt: Aufgeschoben ist nicht aufgehoben.

Mir ist klar geworden, dass ich als Gesprächspartner viel zum Gelingen oder Misslingen eines guten Gespräches beitragen kann. Ich habe irgendwann begriffen, dass ich vor dem Sprechen schon vieles ohne Worte mitteile: durch meine Mimik, meinen Händedruck, durch ein ermutigendes Lächeln, durch die Wahl des Ortes und der rechten Stunde, durch mein Zeit-Haben, durch die Art meines Zuhörens und Anwesendseins.

Nonverbale Signale dürfen nicht übersehen oder unterschätzt werden. Sie öffnen oder verschließen den anderen. Sie bestimmen nachhaltig den Verlauf des Gesprächs. Nicht nur große und laute Worte zeigen dem Partner, dass man ihn versteht, sondern das „Sprechen ohne zu sprechen": kleine Gesten, ein Blickkontakt, eine Berührung, gemeinsames Tun.

Das echte Gespräch bedeutet, aus dem Ich heraustreten und an die Tür des Du klopfen.
Albert Camus

Zuhören – nicht weghören

Miteinander reden beginnt mit dem Zuhören.

Wir haben viel miteinander gesprochen und mir war es wichtig, regelmäßig für Gespräche Zeit einzuplanen. Irgendwann spürte ich nach jedem Gespräch eine innere Unruhe, und eine Unzufriedenheit machte sich breit in mir. Ich habe nachgedacht, was es sein könnte und habe dann erkannt, dass unser Reden ein Monolog war. Ich redete und redete, aber mein Mann war mit seinen Gedanken weit weg, und ich glaube, ihm wohl auf die Nerven gegangen zu sein.

Nur dem anderen gegenüberzusitzen und akustisch zu hören, was er sagt, bedeutet noch lange nicht, dass man richtig zuhört. Richtiges Zuhören bedeutet, dass man das Gegenüber wahrnimmt und zu verstehen versucht.

Manchmal bin ich mit den Gedanken ganz woanders und dann passiert es schon, dass ich einfach nicht richtig zuhöre, wenn mein Mann etwas sagt. Schließlich klingt seine Stimme ja zu vertraut und das, was er so erzählt, ist meist nichts weltbewegend Neues.

Zum richtigen Zuhören gehört das Einfühlen in das Gegenüber, das heißt, das Bemühen zu verstehen, wie es dem Gegenüber geht, was es sagt und sagen will.

Aus der Bindungsforschung wissen wir, dass für den Erhalt der inneren Bindung eines Paares die Kommunikationsqualität ein ganz entscheidender Faktor ist, bei dem man ständig dazulernen kann. Aber es gibt auch die Erfahrung, dass manche Paare sich oft unnötig auseinander-reden, sich aber nicht wieder zusammen-schweigen können. Paare, die darüber nachdenken, zu welchen Fehlern sie in ihrer gemeinsamen Kommunikation besonders leicht neigen, werden Wege finden, sie zu vermeiden.

Ziel guter Paargespräche ist es, dass Paare möglichst aufbauend und nicht destruktiv miteinander umgehen, damit Liebe und Zuneigung erhalten bleiben. Je mehr positive Verstärkungen, desto stabiler ist die Beziehung, je mehr „Bestrafungen", desto gefährdeter ist sie. Es geht um Klärung statt Kampf oder Flucht, um „einlassen können" statt „eskalieren lassen" und es geht darum, Vorwürfe möglichst zu vermeiden und dahinter liegende Wünsche offen zum Ausdruck zu bringen. Trotz aller Belastungen, die eine Beziehung zeitweise erleben kann, geht es darum, das Angenehme am Partner und die Stärken der Beziehung nicht aus dem Blick zu verlieren und sich immer wieder neu füreinander und für die Beziehung zu engagieren. In einer

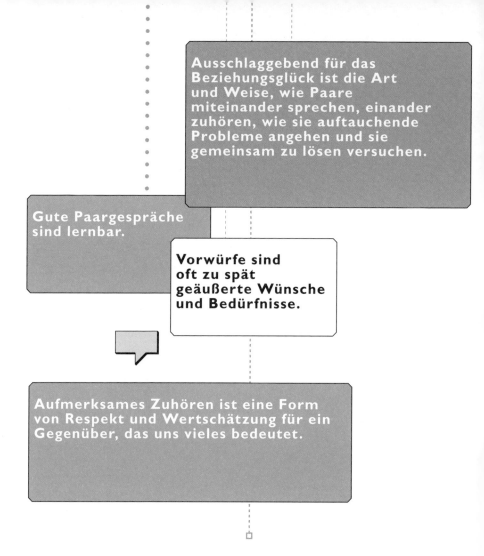

Ausschlaggebend für das Beziehungsglück ist die Art und Weise, wie Paare miteinander sprechen, einander zuhören, wie sie auftauchende Probleme angehen und sie gemeinsam zu lösen versuchen.

Gute Paargespräche sind lernbar.

Vorwürfe sind oft zu spät geäußerte Wünsche und Bedürfnisse.

Aufmerksames Zuhören ist eine Form von Respekt und Wertschätzung für ein Gegenüber, das uns vieles bedeutet.

Paarbeziehung, die auf der Gleichwertigkeit beider Partner basiert, ist die Qualität der Kommunikation ausschlaggebend. Persönliche Wünsche müssen aufeinander abgestimmt werden, Entscheidungen, die die Beziehung betreffen, müssen gemeinsam ausgehandelt, die Übernahme von Verpflichtungen muss immer wieder aufs Neue vereinbart werden.

Gute Kommunikation – einige Regeln

Reden und Zuhören

Ein gutes Gespräch beginnt mit dem Zuhören: Reden ist die eine Hälfte des Gesprächs, Zuhören ist die andere. Ein Gespräch kann nicht gelingen, wenn es in der Absicht geführt wird, Recht zu behalten. Im Laufe des Gespräches ist es wichtig, den anderen ausreden zu lassen und auf das zu achten, was er sagt.

Gefühle beachten

Die eigenen Gefühle wollen beachtet und benannt werden, denn sie bestimmen den Verlauf des Gespräches: Wenn jemand sich gekränkt fühlt, dann muss es gesagt werden. Eine Kränkung darf nicht mit einer Gegenkränkung beantwortet werden.

Fantasien und Vermutungen

Weil Männer wie Frauen oft nicht richtig zuhören, beginnen sehr schnell die inneren Bilder, die man sich voneinander macht, wirksam zu werden. Es entstehen Fantasien und Vermutungen, die überprüft werden müssen. Es ist notwendig, sich dessen zu vergewissern, was man glaubt verstanden zu haben: „Ich höre aus deinen Worten heraus, dass du enttäuscht bist. Ist es für dich so?" Nur weil man will, dass der andere sich verändert, darf man ihm kein schlechtes Gewissen machen.

Fragen sind Fragen

Eine Frage ist eine Frage und ist als solche zu verstehen: „Hast du Lust, mit mir ins Kino zu gehen?" „Eigentlich nicht. Ich lese lieber weiter in meinem Buch." In diesem Fall gibt es keinen Grund, beleidigt zu sein, weil ja nach der Lust gefragt wurde.

Wünsche und Bedürfnisse äußern

Wünsche sind als Wünsche zu formulieren: „Ich möchte gerne wieder einmal mit dir essen gehen. Morgen ginge sich das gut aus. Gehst du mit?" Damit ist eindeutig, wer was von wem möchte. Der Wunsch ist klar geäußert. Wünsche können erfüllt werden, müssen es aber nicht. Bedürfnisse und Wünsche sollen ausgesprochen werden, anstatt in einen stummen Vorwurf zu münden: „Ach, das müsste sie/er doch eigentlich wissen ...!" Der Beziehung tut es gut, die eigenen Sehnsüchte und konkreten Bedürfnisse klar und unmissverständlich auszudrücken.

5. Konflikte und Versöhnung, Krisen und Veränderung

Ein Konfliktzustand kann ganz allgemein als ein Spannungszustand beschrieben werden, der dadurch entsteht, dass zwischen zwei oder mehreren Personen unvereinbare Gegensätze vorhanden sind. Konfliktauslösend sind unterschiedliche Meinungen, Bedürfnisse, Wünsche und Gefühle, die nicht ohne weiteres zu vereinbaren sind. Konflikte sind an sich eine ganz normale und menschliche Angelegenheit. Konflikte sind nicht etwas Unmoralisches, das zu beseitigen ist. Konflikte sollen als eine potentielle Chance zur menschlichen Bereicherung, Änderung und konstruktiven Wandlung verstanden werden. Dabei sollen Konflikte so ausgetragen werden, dass Gewaltanwendung oder die unkontrollierte Explosion aufgrund aufgestauten Konfliktstoffs vermieden werden.

„Konflikte beruhen auf Unterschiedlichkeit. Gäbe es keine Unterschiede, wäre eine Abgrenzung und damit eine Bindung zwischen zweien gar nicht möglich. So ist der Konflikt bemerkenswerterweise das Fundament unseres Beziehungsglücks", meint der Psychoanalytiker Michael Lukas Moeller. Moeller hat eine Selbsthilfemethode für Paare ausgearbeitet, die er wesentliches Zwiegespräch, später „Dyalog" nannte. Beim „Dyalog" bekommt jeder Sprecher feste Redezeiten – Möller empfiehlt 15 Minuten –, in denen er vom Gegenüber nicht unterbrochen werden darf. Die Gesamtzeit liegt bei 90 Minuten, so dass sich beide dreimal aktiv mitteilen und dann wieder aufmerksam zuhören. Die Themen sind frei. Jeder spricht über sich. Insgesamt kommt es zu einem vertieften Verständnis füreinander, so dass die Beziehung im Ganzen gestärkt und entwicklungsfähiger wird.

Konflikte auszutragen lernt man nirgendwo besser als in der Familie.

Konflikte in der Familie

Die Familie ist eigentlich ein idealer Austragungsort für Konflikte. Das mag im ersten Moment befremdlich klingen. Familienbeziehungen haben aber eine besondere Qualität: Sie werden als „unkündbar" und damit als sehr belastbar angesehen. Dies ist einer der Gründe, wieso in der Familie mehr gestritten wird als unter Freunden, am Arbeitsplatz oder in der Schule. Innerhalb der Familienbeziehungen ist es nicht so leicht zu sagen „Tschüss, das war's dann." Freundschaften kann man kündigen, Familienbande zumindest nicht so leicht.

Sich gehen zu lassen, ist für die meisten Kinder, aber auch für viele Eltern, nur innerhalb des Familienumfeldes möglich. Innerhalb der Familie muss man viel weniger eine Rolle spielen als unter Freunden, in der Schule oder am Arbeitsplatz. Man kann seinen Gefühlen leichter freien Lauf lassen und auch den eigenen Launen eher nachgeben. Daher sind Menschen bei sich zu Hause manchmal mitunter unerträglich, woanders aber ganz normal.

Ich wundere mich jedes Mal, wenn Freunde und Bekannte mich auf meine pubertierende Tochter ansprechen und mir sagen, dass sie sie getroffen hätten und wie nett und höflich dieses Kind sei. Zu Hause ist sie dagegen oft rotzfrech

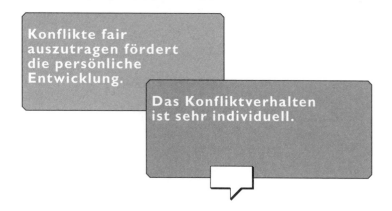

Konflikte fair auszutragen fördert die persönliche Entwicklung.

Das Konfliktverhalten ist sehr individuell.

und unausstehlich. Es brauchte einige Zeit, bis ich begriff, dass das Bild der Außenstehenden eigentlich mehr der Persönlichkeit des Kindes entspricht als dem, was gerade zu Hause sichtbar ist. Zu Hause hat meine Tochter gerade eine andere Aufgabe zu absolvieren, als lieb und brav zu sein.

Konflikte haben für alle Beteiligten positive Funktionen: Zum einen fördern sie die Autonomie des Kindes, zum anderen stellen sie Eltern vor die Herausforderung, konstruktive Handlungsmöglichkeiten zu entwickeln. Die Konfrontation mit den Regeln der Eltern bietet Kindern eine Möglichkeit, ihre Identität weiterzuentwickeln. Sie lernen sich abzugrenzen und eine eigene Meinung zu bilden.

Eltern bilden den Reibebaum, an dem Kinder sich ihre Hörner (ab)wetzen können. Eltern haben geradezu die Aufgabe, für ihre Kinder auch als Widerstandsfläche da zu sein.

Kinderlose Freunde, die öfter bei uns zu Besuch sind, sprechen uns immer wieder darauf an, wie faszinierend bis beängstigend sie es finden, den permanenten Erziehungsprozess, der unseren Alltag begleitet, beobachten zu können. Von außen betrachtet kann tatsächlich das „Ziehen" zentral werden. Mit Kindern zu sein, heißt eigentlich auch, dauernd darauf zu schauen, dass etwas passiert oder eben nicht passieren darf.

Eltern können durch ihre Erziehungsarbeit lernen, welche persönlichen Strategien im Umgang mit Konflikten am besten greifen. Je nach Persönlichkeit und Charakter der Erziehenden können die unterschiedlichsten Möglichkeiten zur Verfügung stehen. Maßgeblich ist auch, welche eigenen Erfahrungen jemand in seiner Herkunftsfamilie gemacht hat.

Als die Pubertätszeit bei uns zu Hause begann, waren wir anfangs richtig geschockt. So provozierend kannten wir unseren Sohn überhaupt nicht. Allzu oft schnappte die Falle zu und wir begannen auch laut miteinander zu streiten. Ich musste als Vater erst lernen, dass ich mich nicht auf jede Provokation einlassen darf. Nicht einsteigen, gelassen bleiben und abwarten waren in den meisten Fällen die richtigen Antworten. Ebenso bemerkte ich, dass mich diese Erfahrung auch im Berufsleben manche Situation besser meistern ließ.

Die Familie ist, sei es für die Eltern, sei es für die Kinder, auch im Bereich des „Konfliktmanagements" ein Lern- und Übungsort.

Mit dem Heranwachsen unserer Kinder haben wir durch sie und voneinander vieles gelernt, auch wie man damit umgehen kann, wenn einmal dicke Luft im Hause herrscht. Mit der Zeit merkten wir, dass man sich als Elternteil durchaus in einen Streit einmischen kann, den der andere Partner gerade mit einem Kind führt. Oft wirkt man als Mediator, oft findet man vielleicht eine ausgleichende Lösung. Auf jeden Fall muss man da nicht immer alleine durch.

Wenn Eltern Konflikte mit ihren Kindern auf unterschiedliche Weise austragen, ist es wichtig, dass sie den eigenen Partner durch ihr Dazwischentreten nicht "verraten". Bei niemandem soll das Gefühl entstehen, dass ihm in den Rücken gefallen wird. Ganz im Gegenteil, speziell wenn es um sogenannte Machtkämpfe geht, soll der Partner aus der „Schusslinie" treten können und das Eingreifen als Unterstützung erleben.

Viel vom eigenen Kommunikationsstil wird in der Kindheit gelernt. Menschen machen dabei unterschiedlichste Erfahrungen im Umgang mit Auseinandersetzungen, von denen es eine Vielzahl an Facetten gibt: von offenen, sehr emotional, aber fair geführten Auseinandersetzungen über Gewalthandlungen bis hin zu lang andauerndem Schweigen als Zeichen von Verstimmung. Oft ist ein konfliktvermeidendes Muster verinnerlicht. Die eigene Erfahrung in der Ursprungsfamilie im Umgang mit Konflikten bleibt im Erwachsenenalter vielfach bestehen.

In meiner Familie war es üblich, dass bei einem bestehenden Konflikt geschmollt wurde. Es konnte geschehen, dass auch tagelang geschwiegen wurde und die Beteiligten beleidigte Gesichter machten. Ganz anders bei meiner Frau. Sie war es von zu Hause her gewohnt, dass sich bei einem Konflikt der Streit wie ein Donnerwetter entlud, die Beteiligten laut miteinander stritten, dann aber bald wieder zur Ruhe kamen und den Streit beilegen konnten.

Für manche wird die Elternschaft auch eine Möglichkeit, sich im Umgang mit Konflikten neue Verhaltensweisen anzueignen.

Die ersten Jahre als Eltern waren intensiv und anstrengend. So wie bei vielen anderen Paaren gab es einen zentralen Gedanken: Ich dachte „Wieso bekomme ich so wenig Unterstützung?" und mein Mann dachte „Wann habe ich endlich genug geholfen?" Nach der Geburt des zweiten Kindes fingen wir an, uns stärker gegenseitig anzuschuldigen. Wir fielen in die Schuldfalle. Gegenseitige Vorwürfe häuften sich. Beide dachten zu kurz zu kommen und zu viel investieren zu müssen. Irgendwann reichte es uns. Wir kamen um keinen Zentimeter weiter. Wir beschlossen, uns mehr auf das zu konzentrieren, was unsere Anteile am Konflikt waren, und weniger auf die schwarzen Flecken unseres Partners. Das hatte Auswirkungen auf das Verhalten von uns beiden. Seitdem hat sich für unsere Beziehung wieder vieles gebessert.

Acht Tipps für faires Streiten

Für manche Menschen ist alles, was mit Streiten zu tun hat, negativ besetzt. Demnach wäre, wer streitet, ein „schlechter" Mensch und jeder Streit so weit als nur möglich zu vermeiden. Streiten heißt aber nicht, dass jemand böse ist. Streiten ermöglicht Entwicklung, zeigt auf, dass man an gewissen Themen arbeiten muss. Die folgenden Tipps lehnen sich an die von den Familientherapeuten Ken und Elizabeth Mellor entwickelten Ratschläge an. Sie tragen dazu bei, dass ein faires Streiten entstehen kann.

Beim Streitthema bleiben
Nicht vergessen, wofür und warum man streitet. Nicht auf andere Themen zu sprechen kommen („letztes Jahr, deine Mutter, deine ganze Familie")

Nie beleidigend werden – auf Schimpfworte verzichten
Man darf laut werden, spitzfindig, aufzählend oder peinlich genau, aber nicht beleidigend. Indem man jemanden mit Schmähworten belegt oder abschätzig charakterisiert, programmiert man ihn darauf, so zu werden, wie man ihm vorwirft zu sein.

Negative Gefühle nicht zu Dauerzuständen machen

Kinder kennen das Geheimnis: Sie machen heftige, absolut klingende Aussagen, und im nächsten Moment herrscht wieder eitel Sonnenschein. Was man aus sich herauslässt, verpufft schnell. Der Trick besteht darin, pauschale Behauptungen und Worte wie »nie« und »immer« zu vermeiden.

Ein Pausensignal vereinbaren

Manchmal übersteigt ein Streit die momentanen Kapazitäten. Er wird zu anstrengend, zu bedrohlich oder zu erschütternd. Oder es ist bloß der falsche Zeitpunkt. In diesen Situationen hilft ein vereinbartes Zeichen, mit dem jeder sofortigen Einhalt gebieten kann.

In Streitpausen etwas Angenehmes unternehmen

Einer angenehmen Beschäftigung nachzugehen, lässt schneller erkennen, über welche Themen man hinweg ist, welche nur einen selbst und nicht den Partner oder die Partnerin betreffen und welche Punkte tatsächlich am anderen stören.

Keine faulen Kompromisse eingehen

Sie nähren Unzufriedenheit und führen meist dazu, dass man sein ungutes Gefühl für kommende Gelegenheiten aufspart. Es ist besser, an einer Sache zu arbeiten und allmählich eine Lösung zu finden, als klein beizugeben mit dem Gefühl, sich selbst untreu zu werden. Schlimmer als keine Versöhnung ist die falsche Versöhnlichkeit.

Die Gegenwart ist die Zeit, die zählt

Von der Vergangenheit sollte man immer zurück in die Gegenwart kommen. Überlegungen, wie sich das Problem heute lösen lässt, sollen im Zentrum stehen.

Das Ziel eines jeden Streits ist mehr Nähe

In einer engen Beziehung dient Streit letztendlich einzig dazu, klar Schiff zu machen. Er will Hindernisse beseitigen, die dem freien Fluss der Energien und der Kommunikation im Weg stehen.

Lieben ist schöner als Siegen

Eine der schönen Erfahrungen, die wir im Leben machen, ist die der Versöhnung. Die Gefühle, die Menschen dabei bewegen, sind Gefühle von Abschluss und Neuanfang, von Geborgenheit und Ruhe. Zum Menschsein gehört diese Sehnsucht nach Befreiung und Auflösung dazu.

Die Bereitschaft zur Versöhnung ist eine Voraussetzung, wenn Menschen miteinander leben wollen. Sie ist notwendig, wenn es menschlich weitergehen soll, wenn nicht Wunden offen bleiben sollen. Wo immer Streit, Krieg oder Unfriede herrscht, ist ohne Versöhnung keine Veränderung möglich. Selbst der Sieger kann ohne Versöhnung nicht leben, sonst bleibt sein Sieg ein ewiger Grabenkrieg, in dem das Misstrauen und der Terror die Führung haben. Versöhnung braucht allerdings eine Basis, einen guten Grund. Einfach so, aus dem Nichts heraus, ist Versöhnung nicht möglich.

„Lieben ist schöner als siegen" ist der Titel eines Buches der Schweizer Therapeutin Kathrin Wiederkehr. Versöhnung und Liebe gehören zusammen, so eine der wichtigen Botschaften dieses Buches.

„Die Versöhnung ermöglicht es den Familienmitgliedern, trotz allem immer wieder zusammenzufinden. Mit der Zeit kennen alle den Ablauf, der den Frieden wieder herstellt, und das Vertrauen, wieder zueinander zu finden, steigt mit der Zahl der guten Erfahrungen. Versöhnung heilt die Wunden. Sie verwandelt negative Gefühle in solche der Zuwendung." Wo gerade noch „dicke Luft" herrschte, entsteht durch die Versöhnung eine angenehme Atmosphäre.

In unserer Familie merken nach einem Streit alle Beteiligten, wann die Zeit für Versöhnung gekommen ist und wie sie besiegelt wird. Man kann es an der Stimmung spüren, an einem Lächeln, am Humor, der wieder auftaucht. Alles Anzeichen, die signalisieren: Jetzt ist die Zeit gekommen, um wieder Frieden zu schließen, sich die Hand und einen Kuss zu geben.

Die Bereitschaft zum Verzeihen und zur Versöhnung in der Familie soll auch in äußeren Zeichen und Gesten zwischen den Ehepartnern, Eltern und Kindern sowie zwischen den Kindern zum Ausdruck kommen: die ausgestreckte Hand, der herzhafte Händedruck, die ausgesprochene Entschuldigung, die Umarmung, der Kuss, das kleine Geschenk, ein Blumenstrauß,

Versöhnung heilt
die Wunden und
zeigt an, dass die
Wunden
geheilt sind.

Ein versöhnendes
Ritual drückt
aus: „Und jetzt ist
es gut!"

Positiv gelöste
Konflikte stärken das
Familiensystem.

einige handgeschriebene Zeilen, die Einladung zur Tasse Kaffee oder das Angebot, eine Arbeit jetzt gemeinsam zu tun. Jeder in der Familie kann dies in der Form ausdrücken, die ihm und seinen Möglichkeiten entspricht.

Jeder positiv gelöste Konflikt, der in eine Versöhnung mündet, ist für das Familiensystem ein Gewinn. Nach Zank und Streit lacht die Familie wieder miteinander und spielt gemeinsam. Das Paar und die Kinder können an den Konflikten wachsen und sich weiterentwickeln. Sie erkennen die Schwächen und Bedürfnisse des anderen und lernen miteinander besser umzugehen. Erfolgreich bewältigte Konflikte verändern die inneren Bilder, die Familienmitglieder voneinander haben. Die Vorstellung, die der andere von mir hat, entspricht nach jedem gelösten Konflikt etwas mehr dem Bild, das ich von mir selbst habe. Die Wunschbilder, die man voneinander hat, werden geschmälert oder vielleicht sogar etwas realistischer. Dies erleichtert es, einen Menschen so zu akzeptieren, wie er ist, mit ihm zusammenzuleben, ihn zu „tragen und zu ertragen."

Krisen öffnen neue Wege

Das griechische Wort „Krisis" bedeutet Entscheidung, Zwiespalt, Erprobung. Daran erkennt man, dass Lebenskrisen und Übergänge immer mit Abschied und Neubeginn, also mit Wechsel und neuen Möglichkeiten zu tun haben. Daraus ergeben sich auch neue Chancen.
Für die meisten Menschen erweist sich ein krisenhaftes Erlebnis im Nachhinein als Bereicherung. Sie berichten, dass die schwierige Zeit sie innerlich weitergebracht habe. Viele finden danach die Kraft, ihr Leben zu verändern.
In jeder Krise steckt eine Chance für Veränderung und Entwicklung. Eine Krise zeigt an, dass irgendetwas draußen, um uns herum, oder innen, in uns selbst, nicht stimmt. „Am häufigsten erleben wir dieses Gefühl", schreibt der Hirnforscher Gerald Hüther in seinem Buch „Bedienungsanleitung für ein menschliches Gehirn", „wenn wir etwas wahrnehmen, das nicht zu dem passt, was wir erwarten, wenn Anforderungen an uns gestellt werden, die wir nicht erfüllen können, wenn uns jemand verletzt, enttäuscht oder betrogen hat."
Es spricht vieles dafür, dass es günstiger ist, in eine Krise hineinzugehen anstatt sie zu vermeiden oder nicht wahrnehmen zu wollen. Krisen kündigen auch an, dass Lebensabschnitte zu Ende gehen und neue beginnen. Positiv gesehen können Krisen auch als Gewinn für die persönliche Entwicklung gesehen werden. Sie gehören, wie die Hochphasen, zu einem menschlichen Leben dazu.

Beziehungskrisen

Eine Liebes- und Beziehungsgeschichte durchläuft verschiedene Entwicklungsphasen, die sich stark voneinander unterscheiden. Am Anfang stehen bei den allermeisten Paaren die großen Gefühle und Sehnsüchte im Vordergrund. Nach der Phase des Verliebtseins folgt eine Zeit, in der sich die Liebe festigt. In einer dritten Phase wird der Alltag bestimmender, Ernüchterung kommt auf. Erste Fragen, aber auch Zweifel stellen sich ein. Beiden Partnern wird deutlich, wo die Liebe blind gemacht hat. In einer nächsten Phase werden die Konflikte bestimmend. Das Andere und Fremde wird beim Partner stärker wahrgenommen als früher. Für viele Paare ist es eine

> **Krisen gehören zum Leben und kündigen eine Entwicklung und neue Chancen an.**

> An Konflikten, Krisen und Schicksalsschlägen kann man verzweifeln oder versuchen, sie als Zeichen des Lebens zur Weiterentwicklung zu begreifen.

> **Eine Paarkrise ist keine Katastrophe, wenn sie im Zusammenhang mit Wachstum und Reife gesehen werden kann.**

entscheidende Zeit. Die Herausforderung liegt darin, Unterschiedlichkeiten der Partner als gegenseitige Bereicherung zu sehen und zu nutzen. Entschließen sich Paare dazu zusammenzubleiben, wird es in der Beziehung oft ruhiger.

Das Charakteristische an Lebensübergängen ist, dass das bisherige Leben völlig auf den Kopf gestellt wird und plötzlich ganz andere Dinge wichtig werden. Es macht sich Unsicherheit und oft auch Traurigkeit breit. Die Frage ist: Wo soll es hingehen, für den Einzelnen persönlich und für das Paar? Paare können lernen, die Veränderungen in ihrer Beziehung wahrzunehmen und sich auf die jeweilige neue Situation einzustellen. Um einen neuen Weg zu finden, ist es notwendig, sich auf die aktuelle Situation einzulassen und dann den Schritt zu neuen Perspektiven zu wagen.

Der Weg aus der Krise führt nicht über Schuldsuche und -zuweisung beim jeweils anderen. Jeder soll für sich überlegen, was zu tun ist, um die Situation zu verändern.

Wenn ich das Handeln meines Mannes nicht als gegen mich gerichtet emp-
finde, sondern als Teil seiner Person und seiner Entwicklung sehen kann, geht es
mir gut. Ich muss aber nicht ohnmächtig die neue Situation aushalten, sondern ich
kann überlegen, wie ich mich darauf einstellen möchte. Mir bleibt die Freiheit, nach
meinen inneren Möglichkeiten zu handeln, statt eine Veränderung vom Partner zu
erwarten.

Leichter fällt es, wenn jedem Partner eine eigene Kraftquelle offen steht,
aus der er schöpft. Bei längeren Konflikten kann es auch hilfreich sein,
sich an den „Magic Moment", den magischen Moment des ersten Verliebtseins zu erinnern. Damit können die tiefen Gemeinsamkeiten, die erste
Geschichte und die Vision als Paar wieder lebendig werden und ein Gegen-
gewicht zu den Spannungen bilden.

Familienkrisen

Familien durchlaufen als sich über die Jahre verändernde Systeme viele
Krisen. Geburt und Tod, Krankheit und Genesung, Abschied und Wie-
dersehen, Trennung und Versöhnung begleiten in der einen oder anderen
Form alle Familiensysteme.

Wir sind so froh, ein gesundes, liebes Kind zu haben, aber seit unsere Anna
da ist, dreht sich alles nur mehr um sie. Der Tages- und Nachtrhythmus hat sich
total geändert, es gibt kaum noch Spontaneität. Zudem habe ich den Eindruck,
dass ich für meine Frau auch nicht mehr so wichtig bin.

Eltern durchlaufen während der Pubertät ihrer Kinder ebenfalls eine Art
Krise.

Die größte Krise, die wir als Familie bisher mitgemacht haben, war die Pu-
bertätszeit unseres Sohnes. Seine Veränderung zum jungen Mann, sein Handeln
und Denken machten uns große Sorgen. Irgendetwas in ihm verlangte das Risiko,
suchte die Gefahr, ging bis zum Äußersten. Wo er sich am intensivsten spürte, sa-
hen wir nur die Bedrohung. Einige Male landete er nach Unfällen im Krankenhaus.
Wir litten sehr unter der Angst. Andererseits verloren wir nie den Glauben an das,
was uns als Familie verband.

Eltern müssen sich insbesondere zur Einsicht durchringen, dass sie das Leben ihres Kindes nicht länger vollständig regulieren können. Manche Eltern
werden sich erst in der Pubertätszeit ihrer Kinder bewusst, dass es nicht
„ausreicht", lieb und nett zu sein und als Freund oder Freundin betrachtet

zu werden. Die Krise der Kinder verlangt nach erwachsenen Personen, die zur Seite stehen, manchmal auch als Gegenüber oder „Gegner" dienen und Standhaftigkeit beweisen.

In der Ablösungsphase waren in unserer Familie gegenseitige Enttäuschungen und Verletzungen an der Tagesordnung. Die alten Beziehungsregeln gerieten aus dem Gleichgewicht. Es dauerte einige Jahre, bis die Ablösung unserer Tochter vollzogen war und eine versöhnlichere Erwachsenenbeziehung zu uns Eltern wieder möglich wurde.

Manche Eltern werden erst durch die Pubertät ihrer Kinder richtig „erwachsen".

Neben vorhersehbaren Krisen können Eltern auch mit unvorhersehbaren und sehr kritischen Lebensereignissen konfrontiert werden. Es gibt eine Reihe von Faktoren, die zu schweren Familienkrisen führen können. Dazu gehören Überforderung in der Erziehung, lang andauernde Auseinandersetzungen, Arbeitslosigkeit, Krankheit, Armut und unzureichende Wohnsituationen. Dies führt oft zu einer so starken Belastung aller Familienmitglieder, dass Selbsthilfe nicht mehr angebracht ist oder nicht ausreichend aktiviert werden kann. Sich professionelle Hilfe und Unterstützung von außerhalb zu suchen, ist in solchen Fällen sinnvoll und angebracht.

Trennung und Scheidung

Verlust ist immer schmerzhaft, sei es der Verlust eines vertrauten, nahestehenden Menschen, aber auch der eines liebgewordenen Gegenstandes. Ein Verlust, von dem heute Kinder und Erwachsene immer öfter betroffen sind, ist die Trennung bzw. Scheidung. Für viele Menschen bricht dabei eine Welt zusammen. Wie Eltern die Trennung oder Scheidung angehen, wirkt sich stark auf das Wohlergehen aller Beteiligten aus.

Wie ein Mensch die Trauer zum Ausdruck bringt, hängt von seinen Möglichkeiten ab. Kindern stehen weniger Möglichkeiten als Erwachsenen zur Verfügung, um ihre Trauer auszudrücken und zu bewältigen. Sie trauern deswegen aber nicht weniger. Die Gefahr ist, dass Kinder in ihrer Trauer oft übersehen und somit allein gelassen werden.

Die gemeinsamen Kinder reichen bei Paaren, die nicht mehr zusammenbleiben können oder wollen, in den wenigsten Fällen aus, um eine Beziehung weiterzuführen. Trotzdem ist es Pflicht der Eltern, darauf zu achten, was für das Wohlergehen ihrer Kinder notwendig ist. Denn diese wünschen sich in den allermeisten Fällen, dass die Eltern zusammenbleiben.

Wenn Paare sich trennen, brauchen Kinder eine liebevolle Begleitung. Eine Beziehung kann zu Ende gehen, das eigene Elternsein bleibt allerdings bestehen.

Für unsere Kinder ist es wichtig zu erfahren, dass wir Eltern als Vater und Mutter weiterhin Eltern unserer Kinder bleiben, auch wenn wir als Partner getrennte Wege gehen. Unsere Kinder zeigen sich nach außen tapfer und unberührt, ich habe aber gemerkt, dass sie leiden, und das belastet mich sehr. Sie haben viele Fragen und Fragen gehören wohl zur Trauerarbeit. Mir ist bewusst geworden, dass wir beide, Vater und Mutter, die Fragen der Kinder einfach, unmissverständlich, ehrlich und nachvollziehbar beantworten sollen. Ausweichende oder beschönigende Antworten täuschen, irritieren, verunsichern unsere Kinder und wecken falsche Hoffnungen.

Die Bewältigung einer Scheidung ist keine leichte Sache. Oft werden Menschen überrollt von ihren Gefühlen: Selbstzweifel, Eifersucht, Wut und Hass dominieren. Die seelische Bewältigung braucht Zeit. Zu tief sind die Verletzungen und seelischen Wunden. Erst nach einer Phase der Neuorientierung nehmen die negativen Gefühle ab und das Selbstvertrauen wird wieder spürbar.

Trotz allem Schmerz ist eine faire Regelung sehr wichtig. Hilfreich können neue Rituale sein, die allen Beteiligten, den Eltern und dem Kind, Sicherheit, Klarheit und eine Perspektive geben und die Ängste verringern. Die alten Rituale müssen teilweise aufgegeben werden, um dafür neue entstehen zu lassen, ganz der neuen Situation entsprechend. Geeignete neue Rituale zu finden, erfordert von beiden Eltern Aufmerksamkeit für das Kind, aber auch die Achtung und den Respekt des anderen Elternteils.

Mir ist es sehr wichtig, dass unser Kind regelmäßig Kontakt zu seinem Vater hat und sich dabei auch wohl fühlt. Sabine nimmt beim Besuch ihres Vaters jedes Mal ein Kuscheltier oder die Lieblingspuppe mit. Sie hat ein eigenes Zimmer, wo sie bei jedem Besuch ihre Lieblingssachen hinstellen kann. Sie weiß genau, wann sie abgeholt wird und wieder zu mir zurückkommt.

Zu schön, um wahr zu sein?

Dieses Kapitel soll ein kleiner Beitrag dazu sein, um in Krisen und Konflikt-situationen besser vorbereitet zu sein.

Es mag der Eindruck entstehen, dass hier zu optimistisch über das Thema Konflikte und Krisen geschrieben wurde. Tatsächlich zerbrechen viele Menschen an ihren Krisen oder erholen sich nur sehr schwer von der vollzogenen Trennung und dem damit verbundenen Verlust. Eine andere Möglichkeit wäre es, dem Ärger, der Verzweiflung, der Wut und der Angst freien Lauf zu lassen. Anzuklagen statt Zuversicht zu geben. Aber wohin würde das führen? Wäre den Menschen damit geholfen? Die Antwort ist Nein. Der Zen-Meister Thich Nhat Hanh schreibt in seinem Buch „Im Hier und Jetzt zu Hause sein": „Wenn starke Gefühle in uns aufsteigen, dann sind unser Friede, unser Wohlbefinden, unsere Freiheit einem Sturm ausgesetzt. Wir können in einem solchen Sturm entwurzelt werden, denn wir sind äußerst zerbrechliche und verletzliche Wesen. Deshalb sollten wir uns auf solche Stürme gut vorbereiten und nicht warten, bis die starken Winde in Form heftiger Gefühle da sind. Dann wird es zu spät sein, den Umgang mit ihnen zu lernen."

Was mich versöhnlich stimmt:

. . . .

. . . .

. . . .

. . . .

. . . .

. . . .

. . . .

. . . .

. . . .

. . . .

. . . .

6. Die lieben Großeltern

Das Großelternsein hat sich innerhalb des letzten Jahrhunderts stark verändert. Im Unterschied zu früheren Generationen, in denen Großeltern – manchmal auch aufgrund ihrer Strenge – besonders geachtet, wenn nicht sogar gefürchtet waren, werden Großeltern heute vorwiegend als freundliche, weise und milde Personen erlebt und wahrgenommen. Aufgrund der verlängerten Lebenserwartung können immer mehr Großeltern eine lange Beziehung zu ihren Enkelkindern aufbauen und pflegen. Fast alle Kinder lernen heute ihre Großeltern kennen. Durch die sinkende Geburtenrate haben Großeltern zudem weniger Enkel als früher. Deshalb können sie dem einzelnen Enkelkind mehr Zeit widmen und Zuwendung schenken. Dies ermöglicht oft enge und exklusive Beziehungen.

Über die Achse der Enkelkinder kann sich auch die Beziehung zwischen Eltern und Großeltern in vieler Hinsicht verändern. In diesem Kapitel geht es um die Entlastungen, die durch Großeltern für Eltern möglich werden, und um die Möglichkeiten der persönlichen Entwicklung, die sich für alle drei Generationen eröffnen. Es werden aber auch die Schwierigkeiten beschrieben, die durch Generationenkonflikte entstehen können.

Großeltern können zu wichtigen Bezugspersonen werden und spielen in fast jeder Familie eine wichtige Rolle.

Mit fast jedem Kind wird ein Großvater, eine Großmutter geboren.

Großelternsein vermittelt Sinn

Viele Großeltern finden einen neuen Lebenssinn, wenn sie ihre Enkelkinder ein Stück durchs Leben begleiten können. Sie nehmen wahr, wie die Linie der Familie in die Zukunft weitergeführt wird und stellen dafür ihre Unterstützung zur Verfügung. Sie können ausgleichend wirken, wenn es Spannungen zwischen Eltern und Kindern gibt. Enkelkinder wiederum machen bei ihren Großeltern lebenswichtige Erfahrungen: Sie nehmen wahr, welche Freude sie den Großeltern allein durch ihre Gegenwart bereiten. Durch das Wohlwollen und die Liebe der Großeltern entstehen gegenseitige Zuneigung, Wärme, Sicherheit und Vertrauen.

Für Eltern verändert sich bei der Geburt des Kindes die Familienaufstellung in mehrerlei Hinsicht: Durch das Kind werden sie zu Eltern und haben neben ihrer Rolle als Beziehungspartner auch jene als Vater und Mutter zu übernehmen. Das Kind macht zudem als Enkel die eigenen Eltern zu Großeltern. Diese Entwicklung erlaubt viele neue Möglichkeiten und Sichtweisen für alle Beteiligten. Sie schafft neues Verständnis, ermöglicht Annäherung, Auseinandersetzung, aber auch Loslösung.

Seit ich selbst Kinder habe, verstehe ich meine Mutter viel besser. Mir ist klarer, aus welchen Gründen sie mit uns so umgegangen ist, wie sie ist. Vorher habe ich das nicht verstanden.

Elternschaft weitet den Blick. Durch die veränderten Familienrollen entsteht auch die Chance auf eine neue Beziehung zwischen Eltern und Großeltern.

Als Jugendlicher war ich so mit mir selbst beschäftigt, dass ich gar nicht wahrgenommen habe, wie wichtig ich für meine eigenen Eltern war. Ihre Sorgen waren mir nur lästig, was Elternliebe bedeutet, war mir fremd. Erst jetzt, als Vater, verstehe ich, worum es meinen Eltern damals gegangen ist.

Andererseits kann auch Unverständnis entstehen, wenn Großeltern mit den Enkeln anders umgehen als früher mit ihren eigenen Kindern.

Als Kind erlebte ich meinen Vater immer als sehr strengen und gefühllosen Mann. Er war selten zu Hause und wenn er da war, bestand seine Aufgabe in der Aufrechterhaltung der Ordnung oder im Vollziehen von etwaigen Strafen, weil wir etwas angestellt hatten. Jetzt erlebe ich ihn als Großvater mit meinen Kindern als ruhigen, freundlichen alten Mann, der sich mit den Kindern abgibt, sich viel gefallen lässt, mit ihnen spielt oder Bücher liest. Manchmal habe ich den Eindruck, dass es sich um zwei verschiedene Personen handelt.

Manchmal finden Menschen erst in Krisenmomenten einen näheren Zugang zu ihren Eltern.

Als ich mich von meinem Mann trennte, stand meine Mutter fest an meiner Seite. Auch wenn sie die Motive nicht nachvollziehen konnte, billigte sie meine Entscheidung. Alleine hätte ich es wahrscheinlich nicht geschafft. Mutter schaute auf die Kinder, wenn ich bei der Arbeit war, und in der schlimmsten Phase half sie mir auch finanziell weiter.

Wahr ist auch: Enkelkinder bieten Großeltern die Chance, jene Aspekte, die sie in der Erziehung der eigenen Kinder im Nachhinein nicht so gut finden, noch einmal neu und anders anzugehen. Viele Großväter bedauern es zum Beispiel, ihren eigenen Kindern zu wenig Zeit gewidmet, sich auch zu wenig für ihre Entwicklung, ihre Spiele und Gedanken interessiert zu haben. Als Großväter können sie im Umgang mit den Enkeln dieses Versäumnis stellvertretend nachholen.

Großeltern können unterstützen

Zahlreiche Studien zeigen die positiven Aspekte moderner Großelternschaft und betonen die intensive Unterstützung, die Großeltern ihren Kindern und Enkeln zukommen lassen. Großeltern unterstützen Familien vor allem in der Kinderbetreuung. Ein großer Teil der Großeltern kümmert sich um die Enkel, um die Eltern zu entlasten. Sie übernehmen das Babysitten, die Betreuung während der Ferien und unterstützen arbeitende Eltern, ohne sie zu ersetzen.

Ich bin sehr froh, dass meine Mutter uns zur Seite steht. Bedingt durch meine Arbeit habe ich an einigen Tagen in der Woche nur eine kurze Mittagspause. Da springt die Oma ein und kocht für die Kinder. Für sie ist es eine angenehme Abwechslung und zugleich auch eine Aufgabe, die ihr deutlich macht, wie sehr sie noch gebraucht wird.

Auch die Gelassenheit der Großeltern kann sehr hilfreich sein. Von dieser Gelassenheit können sich Eltern häufig etwas abschauen.

Das Schöne am Omasein ist, dass ich nicht mehr für alles und jedes, was dieses Kind braucht, verantwortlich bin. Ich muss nicht mehr in der Nacht aufstehen und muss auch nicht darauf schauen, dass die wichtigen Dinge weitergebracht werden. Ich kann die Zeit mit meinen Enkeln genießen. Das Erziehungsgeschäft ist in erster Linie Sache der Eltern.

Für die Eltern bedeutet dies auch, eine neue Qualität bei ihren eigenen Eltern entdecken zu können. Nicht mehr die Rolle als Eltern, sondern jene als Großeltern rückt in den Vordergrund. Die Personen erhalten andere Aufgaben. Eltern müssen sich an diese Umstände zuerst einmal gewöhnen.

Am Anfang war es für mich sehr ungewohnt, meine kleinen Kinder in die Obhut meiner Eltern zu geben. Zu wissen, dass es dort anders zugeht, dass manche Dinge anders gemacht werden, beunruhigte mich. Ich wollte meine Kinder behüten wie meinen Augapfel. Einerseits traute ich es meinen Eltern zu, andererseits war ich nicht bereit loszulassen. Erst als ich annehmen konnte, dass meine Eltern es auf ihre Weise richtig angehen würden, verflogen meine Ängste. Letztlich geht es darum, sich verlassen zu können, auch wenn man nicht so genau weiß, was während der eigenen Abwesenheit alles geschieht.

Von der Bindungsforschung werden die die Familie unterstützenden, verlässlichen Personen auch „Helfer am Nest" genannt. Zum einen helfen sie Klein-kindern, zusätzliche stabile Beziehungen zu entwickeln, zum anderen wird den Eltern durch sie manchmal eine Verschnaufpause ermöglicht, die sich wiederum positiv auf die Beziehung zu den Kindern auswirkt.

Großeltern schaffen Freiraum

Jede Beziehung braucht ihren Freiraum. Großeltern können auch da behilflich sein.

Alle paar Monate einmal gibt es für unsere Kinder ein Wochenende mit Übernachtung bei Oma und Opa. Diese Momente sind für alle ein Genuss. Die Kinder lieben es, voll im Mittelpunkt zu stehen und nicht den Regeln des Alltags folgen zu müssen. Die Großeltern freuen sich über die lebendige Frische in ihrer Nähe und wir uns über ein Wochenende, das nur uns gehört, irgendwo fernab von der täglichen Routine. Allerdings: Wenn sie bei Oma und Opa sind, gilt das Prinzip der Delegation. Die Großeltern bestimmen dann selbständig, was in der elternlosen Zeit geschieht.

Oma oder Opa zu sein, verpflichtet heute nicht mehr zu einem bestimmten Verhalten. In früheren Zeiten lebten häufig mehrere Generationen unter einem Dach. Das war nicht unbedingt besser, es war einfach anders. Heute bestehen genügend andere Möglichkeiten, die unterschiedlichen Generationen zusammenkommen zu lassen, ohne dass sie gemeinsam leben. Vielleicht sogar mehr als in früheren Jahren. Denn die Frage der Generationen-Solidarität ist aktueller denn je: Die Jungen brauchen die Alten und die Alten brauchen die Jungen. Dies gilt in vielerlei Hinsicht.

> Die Verantwortung für die Erziehung muss bei den Eltern bleiben. Aber wenn die Kinder bei den Großeltern sind, entscheiden die Großeltern.

> Die große Herausforderung des Elternseins ist es, sich als Eltern abzugrenzen und den eigenen Weg zu gehen, aber trotzdem die Großeltern in ihrer Rolle wertzuschätzen.

Konkurrenz und Besserwisserei

Die Geburt von Enkelkindern birgt für die Familie allerdings auch Gefahren auf der Gefühls- und Beziehungsebene. Es soll nicht außer Acht gelassen werden, dass zwischen den Generationen auch Konflikte und Unstimmigkeiten entstehen können.

Für die Großeltern geht es darum, ihre eigenen Kinder in ihrer Rolle als Eltern zu akzeptieren und sie nicht mehr in erster Linie als ihre Söhne und Töchter zu sehen, die man erzieht, denen man was vorschreiben oder über die man bestimmen kann. Für manche Großeltern scheint es nicht so leicht zu sein, sich aus Entscheidungen herauszuhalten, die den Erziehungsstil, die Lebenskultur und die Einstellungen der Eltern betreffen. Bis alle Beteiligten es schaffen, ihre eigenen Positionen einzunehmen, ohne zu viel in die Privatsphäre des anderen einzudringen, kann ein sehr schmerzhafter Prozess sein. Das Finden von Regeln und von Klarheit in den Beziehungen wird jede Familie für sich angehen müssen. Der Schutz der Intimität der Kleinfamilie muss gewährleistet sein. Gewisse Grenzen und Räume müssen von Eltern und Großeltern respektiert werden. „Hier darf ich nicht hinein, hier beginnt der private Raum der anderen, den ich respektiere und anerkenne, auch oder gerade weil sie zu meiner Familie gehören."

Die wichtigste Erkenntnis, die Großeltern Eltern voraushaben, ist wahrscheinlich die, dass „viele Wege nach Rom führen", dass es fast immer verschiedene Möglichkeiten gibt, Kinder gesund und glücklich aufwachsen zu lassen. An dem manchmal verzweifelten Bemühen, den einen und einzig richtigen Weg zu finden, müssen sie sich nicht mehr beteiligen.

Es gibt aber auch Großeltern, denen diese Erkenntnis verborgen geblieben ist und die nicht verstehen wollen, dass ihre Enkel unter anderen Bedingungen aufwachsen als ihre Kinder. Großeltern können verständnislose Besserwisser sein. Menschen, die man besuchen muss, damit sie nicht beleidigt sind, die bei allen Familienfesten eingeladen werden müssen, die wenig Verständnis für quirlige Enkelkinder haben, die dauernd mitteilen, wie man alles besser machen kann, und nichts mehr lieben als ihre Ruhe und Ordnung. Wenn ihre Berichte aus der eigenen Kinderzeit unter dem Motto stehen: „Das hätte ich mir bei meinem Vater mal erlauben sollen!", werden sie kaum wohlwollende Zuhörer finden.

Vielfach ärgern sich Eltern auch über die gut gemeinten Ratschläge, die noch dazu oft widersprüchlich sind: „Du musst den Säugling immer warm zudecken, denn ansonsten erkältet er sich", sagt die eine Oma, während die andere meint: „Wieso deckst du dein Kleines immer so zu, da hat es ja viel zu warm."

Schwierigkeiten entstehen, wenn die Abgrenzung nicht gelingt, Enkel und Eltern zu „abhängigen Kindern" der Großeltern werden. Für manche Eltern kann es so weit kommen, dass die in der Jugendzeit scheinbar erkämpfte Autonomie wieder wegfällt, weil beispielsweise durch die Familiengründung neue finanzielle Abhängigkeiten entstehen. Die alten Muster beginnen wieder zu wirken. Ersichtlich wird auch, dass eine tatsächliche Ablösung vom Elternhaus nie stattgefunden hat. Durch Enkelkinder kann auch die dunkle Seite zwischen Eltern und Großeltern verstärkt werden. Vor allem wenn wirtschaftliche Verbindlichkeiten bestehen, können Macht- und Autoritätsaspekte leicht in den Mittelpunkt treten.

Großeltern werden von Kindern als Menschen erlebt, bei denen sie sich geliebt und sicher fühlen.

In der Beziehung zu meinen Eltern fühle ich mich oft wie in einem goldenen Käfig. Zu groß ist unsere Abhängigkeit von ihnen, sei es auf emotionaler, als auf materieller Ebene. Als wir beschlossen hatten zu heiraten und dies meinen Eltern mitteilten, meinte mein Vater: „Das Mahl bezahle ich, aber ich bestimme, was gegessen wird". Immer wenn es Konflikte gibt, kommen die Erpressungen. „Du weißt schon, wer die Wohnung gekauft hat?", ist nur einer dieser Standardsätze, die dann ausgesprochen werden.

Großeltern im Kontakt mit Kindern und Jugendlichen

Großeltern kennen aus der eigenen Elternerfahrung die Freuden und Schwierigkeiten im Umgang mit Kindern. Für sie ist ein Trotzverhalten der Kinder nichts Unbekanntes. Auch können Großeltern Kritik pubertierender Enkel gelassener aufnehmen und fühlen sich nicht immer gleich selbst betroffen oder verletzt.

Großeltern dürfen Kinder verwöhnen. Sie trösten sie, wenn es mal mit den Eltern Streit gibt. Der liebevolle Umgang und das Verständnis der Großeltern haben im Leben der Kinder eine besondere Bedeutung, speziell wenn Trennung, Tod oder dauerhafte Konflikte die Stimmung in der Familie trüben.

Mein 14-jähriger Sohn liebt seine Großmutter, da kann er sich so richtig ausweinen und über die Verständnislosigkeit von uns Eltern schimpfen. Die Oma hört ihm dann zu, nimmt ihn in den Arm, tröstet ihn und ist mit ihm solidarisch. Das tut meinem Sohn ungemein gut. Früher hätte ich mich wohl darüber aufgeregt, dass die Oma gar nicht berücksichtigt, wie schwierig wir es zur Zeit mit unserem Sohn haben, wie viele Dinge nicht gut laufen und warum wir Grenzen setzen müssen. Heute denke ich, dass es gut ist, wenn die Kinder einen bedingungslosen Ort der Zuflucht haben.

Enkel schätzen an ihren Großeltern, was sie von den Eltern aus verschiedenen Gründen nicht haben können: Es sind Menschen, die nicht mehr so in Eile leben, die nicht alles so verbissen sehen, die gelassener und ruhiger sind, auch mal eine verrückte Dummheit mitmachen und sich darauf einlassen, Mama nichts davon zu erzählen.

Als ich heimlich zu rauchen begann, war Großmutter die Einzige, die davon wusste und dies nicht weiter tragisch fand. Aber nicht nur: Da sie selbst Raucherin ist, rauchten wir bei unseren Treffen gemeinsam, tranken Kaffee und unterhielten uns. Meine Eltern erfuhren davon erst viel später.

Im besten Fall geben Großeltern Wissen und Werte an die Enkel weiter. Sie können aufzeigen, welchen Sinn Traditionen und Brauchtum haben. Sie können über geschichtliche Veränderungen erzählen und damit aufzeigen, wie lebendig eine Gesellschaft ist. Durch ihre Erzählungen tragen sie auch zu einer Weiterführung der Familiengeschichte bei. Für die Enkelkinder sind die Geschichten über die Erfahrungen vergangener Generationen eine spannende Informationsquelle. Sie ermöglichen den Enkelkindern, besser zu verstehen, woher sie kommen und zu welcher „Sippe" sie gehören.

Vor allem mein Opa hat mir immer wieder Geschichten von Mitgliedern unserer Familie erzählt. Wer was geleistet hat, wer im Krieg war, wer nicht mehr zurückgekehrt ist, wer eine wichtige Person war. Manchmal zog er alte Fotografien aus seinem Schreibtisch und erzählte über die Personen. Bis heute sind einige dieser Geschichten in mir lebendig. Sie verankern mein Tun in einer Familientradition und lassen ersichtlich werden, dass gewisse Qualitäten schon manch andere Familienmitglieder aufwiesen.

Aufgrund ihrer Lebenserfahrung und der verfügbaren freien Zeit können Großeltern ihren Enkelkindern viele neue Dinge beibringen.

Von Opa und Oma habe ich gelernt, wie man einen Garten pflegt, wie die Bäume und die Blumen heißen, wie man Karten, Mühle und Dame spielt ... und die Fußballregeln.

Großeltern können auch für die Enkel unterstützend wirken.

Meine Oma kam einmal in der Woche zu uns und half meiner Mutter beim Bügeln. Dann brachte sie immer irgendwelche Süßigkeiten mit. Wir setzten uns neben sie und während sie unsere Wäsche bügelte, erzählte sie uns immer Geschichten. Ich kann mich noch genau erinnern, wie wir uns darauf gefreut haben und wie spannend diese Geschichten für uns waren.

Auf lange Sicht sind Großvater und Großmutter auch ein Rollenmodell, an das man sich anlehnen kann. Sie zeigen auf, wie man selbst später als Großmutter oder Großvater sein könnte. Zudem beeinflussen die eigenen Großeltern die Einstellung, die Jugendliche gegenüber der älteren Generation allgemein haben.

Ich bin sehr dankbar, dass ich an meinem Lebensabend Enkel in meiner Nähe habe. Sie geben meinem Leben noch einen zusätzlichen Sinn. Sie zeigen, dass nicht alles umsonst war, dass unsere Familie weiterlebt. An sie kann ich ein bisschen von meiner Erfahrung und Lebensweisheit weitergeben. Aber sie lassen bei mir durch ihre Präsenz auch manche Erinnerung an meine eigene Kindheit und Jugend wach werden, und ohne Zweifel auch an die Zeit, wo ich selbst Vater jugendlicher Kinder war.

Die Großeltern führen zu den Wurzeln.

7. Rituale und Spiritualität

Eine Familie ist umso stabiler, je mehr tragende Rituale sie besitzt. Gleichzeitig ist sie ein Ort, wo sich leicht Rituale entwickeln lassen. In einer Welt, die sich ständig verändert, die uns laufend mit Neuem konfrontiert, können Rituale in Familien und Paarbeziehungen Sicherheit vermitteln, Vertrauen wachsen lassen und eine Hilfe sein, den Alltag zu strukturieren. Wenn wir uns einem Menschen achtsam und liebend zuwenden, entstehen bald von selbst Rituale. Diese werden zunächst meist gar nicht bewusst gestaltet, sondern entwickeln sich „einfach so" aus dem Bedürfnis heraus, eine schöne Situation immer wieder zu erleben.

Am Anfang unserer Beziehung war ich überrascht, mit welcher Sorgfalt mein Mann das Abendessen zubereitete, ja „zelebrierte". Das ist so geblieben. Bis heute hat das gemeinsame Abendessen in unserer Beziehung eine große Bedeutung. Mittlerweile schätzen auch unsere Kinder unsere gemeinsame „besondere" Zeit beim Abendessen.

Der Begriff „Ritual" kann verschieden gefasst und definiert werden: „Es ist das, was einen Tag vom anderen unterscheidet, eine Stunde von den andern Stunden", lässt Antoine de Saint Exupéry den Fuchs zum kleinen Prinzen sagen. Darum „muss es feste Bräuche geben". Ein Ritual ist eine gute, wiederkehrende Gewohnheit, eine „Zeremonie" im weiteren Sinne, und vermittelt dem Menschen Stabilität, Halt und Struktur. Dabei hängt ein Ritual immer mit bestimmten Menschen, Zeiten und Orten zusammen.

„Wer hilft dir, dass du dich nicht von dir entfernst?", singt Herbert Grönemeyer in seinem Lied „Zum Meer". Die Grundbedürftigkeit von uns Menschen nach Riten und Bräuchen wurzelt in der unaufhaltsamen Sehnsucht, sich nicht vom eigenen Ich zu entfernen oder gar vor sich selber wegzulaufen, sich nicht Tag für Tag durch Sachzwänge und Ambitionen leben zu lassen.

Jede Familie besitzt ihre eigenen lieben Gewohnheiten, die eben nur in dieser speziellen Familie so ablaufen und gepflegt werden. Damit schafft sie sich ein Stück Identität und Intimität.

Um immer wieder Kraft zu tanken, Lebensfreude zu schöpfen und Geborgenheit zu erfahren, schaffen Familien Rituale. Wenn Eltern sagen „Ich liebe mein Kind über alles", bedeutet das noch nicht viel, wenn ein Vater sein Kind jeden Morgen aber voller Freude aus seinem Bettchen hebt und mit ihm scherzt und sich unterhält, sagt das sehr viel: Vater und Kind erleben gegenseitige Zuneigung und Liebe, spüren die Freude aneinander, erleben Geben und Nehmen, erfahren das Glück einer wertvollen Beziehung.

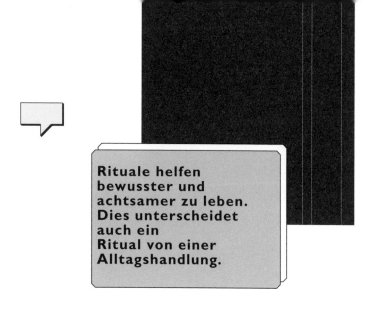

Rituale helfen
bewusster und
achtsamer zu leben.
Dies unterscheidet
auch ein
Ritual von einer
Alltagshandlung.

Alltagsrituale

Es gibt eine Vielzahl von Alltagsritualen: die ganz eigene Art und Weise
den Tag zu beginnen, der Gang zur Schule oder zur Arbeit, das Nach-Hau-
se-Kommen, die gemeinsamen Mahlzeiten, das Miteinander-Spielen, das
tägliche Zubett-Begleiten der Kinder, die Gute-Nacht-Geschichte, eine
„unverrückbare" Art, ein Märchen ganz genau so und nicht anders (!) zu
erzählen.

Umfragen zeigen, dass eine hohe Prozentzahl der Kinder den Familien-
tisch als einen Ort des Gespräches, der Gemütlichkeit und Entlastung von
Sorgen schätzt. Gemeinsames Essen und Trinken in Familien ist mehr als
nur Nahrungsaufnahme. Wenn Eltern und Kinder um einen Tisch sitzen,
wird Gemeinschaft sichtbar und spürbar. Eine gemeinsame Mahlzeit bietet
vielseitige Möglichkeiten der Begegnung: Eltern und Kinder tauschen Erfahrungen aus, erzählen sich ihre Erlebnisse, verbringen eine gute gemeinsame
Zeit, gönnen sich etwas Gutes. Gesten und Handlungen beim Essen zeigen
Sympathie und Zuneigung. Ab und zu kann das Mittag- oder Abendessen
der gesamten Familie zu einem feierlichen Ereignis werden, ja zu einem
Fest.

Das Ritual zum Einschlafen zählt zu den bedeutendsten Ritualen und ist für Eltern mit kleinen Kindern besonders wertvoll. Es stellt eine gute Gelegenheit dar, am Ende eines Tages noch einmal ganz beim Kind und bei sich selbst zu sein. Daraus entwickelt sich ein tiefes Vertrauen. Da das Ritual immer gleich gestaltet ist, und somit alles so ist, wie es gestern war und wie es morgen sein wird, beruhigt es das Kind und gibt ihm Sicherheit. Gerade an Tagen, die besonders hektisch sind, an denen die Eltern wenig Zeit für sich und für die Kinder finden, an denen es vielleicht sogar Streit gibt, ist das gewohnte, liebgewonnene Einschlafritual besonders wichtig. Es signalisiert, dass nicht alles durcheinander geraten ist, dass die Eltern ihr Kind lieb haben und dass – ganz egal, was während des Tages passiert – abends immer wieder alles gut werden wird.

Ich habe festgestellt, dass mein Kind jedes Mal, wenn es ordentlich Krach gegeben hat und es unversöhnt einschläft, in der Nacht weinend aufwacht. Das ist Grund genug, mir abends genügend Zeit für das Kind zu nehmen.

Symbolhafte Bedeutung

Ein wesentliches Merkmal jeden Rituals ist die symbolhafte Bedeutung, die über das konkrete Handeln hinausgeht. So geht es bei der gemeinsamen Mahlzeit eben nicht nur um Nahrungsaufnahme und das Sattwerden. Es geht um mehr: um das Beisammensein, um das Erzählen und Zuhören, um die gemeinsame Zeit zum Genießen, um das Zueinandergehören. Der abendliche Spaziergang eines Paares dient nicht nur der Gesundheit und körperlichen Entspannung, sondern hat mit Beziehungspflege und emotionalem Austausch zu tun. Durch das gemeinsame Tun verbindet dieses Ritual die beiden und lässt Intimität entstehen. Damit setzen auch beide Prioritäten und definieren den Stellenwert ihrer Beziehung.

In Ritualen wird sehr vielmehr ausgedrückt, als dies mit Worten allein möglich ist. Wenn Eltern bei der Geburt ihres Kindes einen Baum pflanzen, wünschen sie ihrem Kind eine gute, glückliche Entwicklung, lebendiges Wachstum und Fruchtbarkeit. Eltern und Kinder erleben, dass der Baum mitwächst, sich verändert, „stark und groß wird" genau wie das Kind. Der Baum bleibt ein lebendes Zeichen dafür.

Das Leben in einen größeren Zusammenhang stellen

Rituale können in ihrer Ganzheitlichkeit – denn sie sprechen immer alle Sinne an – dazu beitragen, dass wir mitten im (Familien-)Alltag religiöse Erfahrungen machen, die Sicherheit bieten und Vertrauen schaffen.

Bei unserem Abendritual überdenken wir den Tag, wir erzählen einander, wofür wir dankbar sein können, welche Erlebnisse uns bewegt haben und welche Gefühle uns begleiten. Es ist uns wichtig, Gott als Gegenüber zu wissen, der mit ins Gespräch genommen wird.

Was den tiefen Sinn von religiösen Ritualen betrifft, meint der Benediktinermönch P. Anselm Grün: „Rituale stiften Sinn. Die persönlichen Rituale zeigen mir, dass mein Leben wertvoll ist. Rituale vermitteln mir das Gefühl, dass es gut ist, dass ich lebe, dass die Welt in ihrem Grunde gut ist."

Rituale sind immer eine kultivierte Form des Miteinanders, sie sind wichtige Bestandteile eines spirituellen Weges. So finden wir in allen Religionen eine Vielzahl von Ritualen und religiösen Handlungen, mit denen Menschen ihre Grundsehnsüchte ausdrücken und feiern. Ein glaubender Mensch braucht solche zeichenhafte, ritualisierte Handlungen.

In unserer Wohnung gibt es einen besonderen Platz, an dem wichtige Symbole, die unseren Alltag betreffen, hingestellt werden: die erste Frühlingsblume, besondere Briefe, eine gestaltete Kerze, Hochzeitseinladungen, Sterbebildchen, ein schöner Stein und vieles mehr. Unser Ritual ist es, am Sonntagabend zu schauen, was sich angesammelt hat, und die Fülle unseres Alltags Gott anzuvertrauen.

Gebete und rituelle Gesten begleiten Eltern und Kinder durch den Tag, durch das Jahr, durch das Leben. Sie können oft eine konkrete Hilfe sein, wenn man in Lebenssituationen nicht mehr weiter weiß und die Worte fehlen. Durch die Rituale zeigen die Eltern dem Kind, dass das, was sie tun, eine tiefere Bedeutung hat. Wenn Eltern ihr Kind segnen, bezeugen sie ihr Vertrauen in einen schützenden und begleitenden Gott und vertrauen ihr Kind diesem Gott an. Gerade für Kleinkinder können solche Gesten wichtig sein. Das Kind erahnt, dass die Eltern einer größeren Kraft vertrauen. Oder wenn für den verstorbenen Opa eine Kerze angezündet wird, spürt das Kind den Glauben, dass der Opa weiterlebt.

Lebensübergänge

Viele Menschen stellen sich gerade bei Lebensübergängen die Frage nach Sinn, nach Zukunft, nach Gelingen und manchmal auch die Frage nach Gott. Unsere Gesellschaft kennt kaum kultivierte Formen oder Rituale für Entwicklungsübergänge wie Pubertät und Elternschaft. Bei sehr vielen Kulturen und Völkern spielen Initiationsrituale eine große Rolle. Sie markieren den Übergang des Jugendlichen ins Erwachsenenleben. Wir kennen das von verschiedenen Naturvölkern: Das Ritual besteht in der zeitweiligen Isolation ohne Nahrung oder in der Form einer bestimmten Mut- oder Geschicklichkeitsprobe. Dabei gilt es, die Angst zu überwinden und den harten Ansprüchen des Lebens standzuhalten. Die Jugendlichen werden anschließend in einer großen Feier in die Erwachsenenwelt aufgenommen. In unseren westlichen Kulturen kann man beobachten, dass Jugendliche den Mangel an Initiationsritualen durch Mutproben ersetzen. Befragt man Jugendliche, so verbinden sie mit Erwachsenwerden oft das Erlangen des Führerscheins. Ob dies ein geeignetes Ritual für den Eintritt in den neuen Lebensabschnitt darstellt, bleibt fraglich. Es fehlt uns offensichtlich an sinnstiftenden, zeichensetzenden Handlungen.

Der Übergang eines Paares von Partnerschaft in Elternschaft ist ein markanter Lebenseinschnitt, der viele Veränderungen mit sich bringt. Stünde in dieser Situation ein geeigneteres Ritual zur Verfügung als das mehr oder weniger ausgedehnte männliche Saufgelage, dann würde wohl der Übergang in den neuen Lebensabschnitt als Eltern bewusster gelebt. Manche Menschen suchen in Augenblicken tiefster Dankbarkeit ein göttliches Gegenüber, um dies zum Ausdruck zu bringen. Gott wird geglaubt als der, der den Übergang mitgeht und begleitet.

Ich war sehr glücklich und dankbar, Mutter eines wunderbaren, gesunden Kindes geworden zu sein. Neben meinem Dankgefühl spürte ich auch eine große Verantwortung für das Kind und für mich. Mir war ein großes Bedürfnis, das Kind und mich selbst in „guten Händen" zu wissen. Zusammen mit meinem Mann bin ich ein Stück des nahegelegenen Besinnungsweges gegangen, wo wir am Ende eine Kerze als Dank für das neue Leben angezündet haben. Seither gehen wir an jedem Geburtstag unseres Johannes gemeinsam den Besinnungsweg.

Eltern werden immer wieder mit Veränderungen im Leben konfrontiert. Manche davon sind gewollt, andere sind durch äußere Umstände radikal eingetroffen. Rituale können Menschen helfen, mit neuen Situationen umzugehen und sie zu akzeptieren. Ein Tuch von der Mutter oder ein „Kuscheltier" kann bei Kleinkindern eine zeitweilige Trennung erträglicher machen. Die Mutter ist zwar nicht mehr da, aber das Tuch erinnert noch an den Geruch der Mutter und gibt dadurch Sicherheit. Ein Abschiedskuss vermittelt die Sicherheit, dass die kurze oder lange Trennung von beiden Seiten akzeptiert ist, und weist auf ein Wiedersehen hin.

Für manche Eltern kann ein Kreuzzeichen auf die Stirn des Kindes vor dem Zubettgehen oder beim Verlassen des Hauses ein solches Übergangsritual sein.

Gerne erinnere ich mich, wie uns die Mama in der Früh an der Haustür verabschiedet hat; so lange sie uns sehen konnte, hat sie uns nachgeschaut und nachgewinkt. Ihr wohlwollender, warmer Blick hat mich begleitet und mir Sicherheit gegeben. Jetzt bin ich selber Mutter und habe dieses Ritual übernommen, nur etwas verändert, da ich selber zur Arbeit gehe.

Geteiltes Leid – halbes Leid

Bei Verletzung oder Krankheit sucht ein Kind oft schon von sich heraus bestimmte Formen des Tröstens. Rituale können eine heilende Bedeutung haben. Darin können Kinder wahre Lehrmeister für Erwachsene sein.

Wenn mein Kind mit dem Fahrrad gestürzt ist und sich verletzt hat, dann kommt es meist jammernd zu mir. Der Schmerz und die Verzweiflung sind groß. Ich nehme es dann liebevoll in den Arm und blase auf die Wunde. Miteinander suchen wir ein Pflaster und verarzten die Wunde. Mein Kind beruhigt sich dann schnell und kehrt zu den Spielkameraden zurück.

Beim Pflaster auf die harmlose Wunde geht es in erster Linie nicht um die medizinische Versorgung, sondern vielmehr ums Trösten und darum Einfühlung sowie Anteilnahme zu zeigen. Dies lässt den Schmerz nicht so schlimm erscheinen, und wie durch ein Wunder ist er oft weg. Ähnlich heilend und beruhigend kann ein Trostlied wie „Wo tut's weh?" wirken, bei dem der Schmerz einfach „weggeblasen" wird. Bei diesen Ritualen geht es darum, dass Kinder und Eltern ihre ganz eigene Form finden, mit Schmerz umzugehen.

Rituale wachsen mit

In der ersten Beziehungsphase eines Paares entwickeln sich häufig spontan Rituale, die für diese zwei Menschen typisch sind. Sie entstehen aus einem bestimmten Bedürfnis und Interesse heraus und haben wohl den Sinn, die Beziehung zu definieren: die Gestaltung des Tages, an dem sie sich kennen gelernt haben, Feiern des Valentinstages, Abschiedsrituale, Begrüßungsrituale. Wenn sich die Beziehung weiterentwickelt, dann braucht es auch neue Rituale. Dies gilt auch, wenn die Familie wächst.

Besondere Zeiten – besondere Zeichen

Eine günstige Gelegenheit gerade für junge Familien, Ritualen einen größeren Stellenwert einzuräumen oder sie bewusst einzuführen, sind die besonderen Zeiten im Laufe des Jahres: der Herbst mit seinen Früchten und fallenden Blättern, der Rückzug ins Häusliche, die langen Abende, die Advent- und Weihnachtszeit, der Fasching mit seinem bunten Treiben, die Fastenzeit und Ostern, die lang ersehnte Ferienzeit. In diesen Zeiten sind Kinder wie Erwachsene grundsätzlich offener allem Emotionalen und sinnlich Erfahrbaren gegenüber. Sie können die Dynamik und Dimension von Licht und Dunkel, von Wärme und Kälte, von Bedürfnisaufschub und Genuss, vom Grenzenakzeptieren und Grenzenüberwinden sehr gut einbinden in die unmittelbare Erfahrung des Kindes bzw. der ganzen Familie. Zudem handelt es sich jeweils um eine überschaubare Zeit, die uns auch einiges an wertvollen Traditionen bietet, die für uns hilfreich sein können. Dazu gehören etwa das gemeinsame Kastanienbraten im Herbst, das Schmücken des Hauseingangs mit Mistelzweigen, das Einfrischen von Zweigen am Barbaratag, die sonntägliche Versammlung um den Adventkranz mit Liedern und Geschichten, das sich Verkleiden zu Fasching, Zelten im Freien, die Geburtstagsfeier und vieles mehr.

Rituale müssen hinterfragt werden. So wie sich jeder Mensch verändert, verändern sich auch Rituale und erneuern sich. Den Gemeinschaftsspielen der Kindergeburtstage folgen die Partys der Jugendlichen. Während in Familien mit kleinen Kindern das Aufstellen der Krippe und das Schmü-

> **Wenn Jugendliche sich von Ritualen verabschieden, ist dies zu respektieren.**

cken des Weihnachtsbaums zum Weihnachtsgeheimnis gehören können, überraschen später Jugendliche oft die anderen mit neuen, vielleicht auch auffallenden Ideen und Vorschlägen. Sie entwickeln dabei vielfach ihren ganz eigenen Zugang zur Feier und können so die Familientradition bereichern. So kann es zum Beispiel interessant sein, wenn Jugendliche für ihre kleineren Geschwister das Eierverstecken übernehmen und entsprechend pflegen.

Als unsere Tochter uns mitgeteilt hat, dass sie die Ferien nicht mehr mit uns verbringen möchte und wir ihr mehr oder weniger auf die Nerven gehen, musste ich ganz schön schlucken. Nur schwer gelang es mir, dies zu akzeptieren und die nötige Distanz zu bekommen. Mittlerweile haben wir uns als Paar wieder neu entdeckt und können uns freuen, „allein" unsere Ferien zu verbringen, ganz so wie es uns gut tut.

Leben ist: Jetzt!

Wenn wir achtsam sind, erleben wir das Hier und Jetzt in seiner schlichten Einfachheit intensiv und bewusst. „Unser Denken, Fühlen und Handeln sind genau an dem Ort, wo wir uns gerade befinden", meint der buddhistische Mönch Thich Nhat Hanh. „Ihr solltet Meditation üben beim Gehen, Stehen, Liegen, Sitzen und Arbeiten, beim Händewaschen, Abspülen, Kehren und

Teetrinken, im Gespräch mit Freunden und bei allem, was ihr tut. Wenn ihr abwascht, denkt ihr vielleicht an den Tee danach und versucht, es so schnell wie möglich hinter euch zu bringen, damit ihr euch setzen und Tee trinken könnt. Das bedeutet aber, dass ihr in der Zeit, wo ihr abwascht, nicht lebt. Wenn ihr abwascht, muss der Abwasch das Wichtigste in eurem Leben sein. Und wenn ihr Tee trinkt, dann muss das Teetrinken das Wichtigste auf der Welt sein."

Eine so gelebte Spiritualität hat mit Sinn-Suche zu tun. Der Religionsphilosoph Martin Buber sagt: „Es gibt etwas, was man an einem einzigen Ort in der Welt finden kann. Es ist ein großer Schatz, man kann ihn die Erfüllung des Daseins nennen. Und der Ort, an dem dieser Schatz zu finden ist, ist der Ort, wo man steht. In irgendeinem Maße bemühen wir uns, irgendwo das zu finden, was uns fehlt. Irgendwo in irgendeinem Bezirk der Welt oder des Geistes, nur nicht da, wo wir stehen, da wo wir hingestellt worden sind – gerade da und nirgendwo anders ist der Schatz zu finden."

Rituale: Schlüssel zu Lebensqualität und -intensität

„Zwei Männer spalteten den ganzen Tag lang Holz. Der eine arbeitete ohne Pause durch und hatte am Abend einen ansehnlichen Stoß Scheite beisammen. Der andere hackte 50 Minuten und ruhte sich dann jeweils zehn Minuten aus, und trotzdem war sein Stoß am Abend viel größer. ‚Wieso hast du mehr als ich?', fragte der erste. Da antwortete sein Kollege: ‚Weil ich mich in jeder Pause nicht nur ausgeruht, sondern auch meine Axt geschärft habe'."

Im Leben geht es darum, genügend Zeit für Wesentliches zu finden und diese Zeit gut einzuteilen. Dabei müssen Prioritäten gesetzt werden. Wer nur auf äußere Erwartungen und Notwendigkeiten reagiert, verliert den eigenen Stand und damit sich selbst. Wer sich keine Zeit nimmt, Rituale einzuführen und zu pflegen, wird noch weniger Zeit zur Verfügung haben – und damit Lebensqualität verlieren. Rituale schaffen einen Freiraum und bringen damit Lebensqualität zurück.

8. Aufgehoben durch Verwandte und Freunde

Alle Menschen brauchen Liebe und Verständnis, Anerkennung und Geborgenheit, Berührungen und Gespräche. Sich angenommen und geborgen fühlen ist ein Grundbedürfnis von Kindern und Erwachsenen. Zwar ist das Bedürfnis nach zwischenmenschlichem Kontakt sehr unterschiedlich ausgeprägt, manche bevorzugen wenige, aber tiefe Beziehungen, andere suchen viele, oft auch nur oberflächliche Kontakte, alle Menschen jedoch brauchen die Nähe vertrauter Personen.

Das Zusammenleben von Menschen ist ein Wechselspiel von Geben und Nehmen. „Dass es Menschen gibt, denen ich etwas bedeute und die mir etwas bedeuten", ist für die meisten ein wichtiger Grundgedanke. Man braucht einerseits selbst Vertrautheit und Verlässlichkeit, andererseits hat man das Bedürfnis, anderen Menschen Geborgenheit und Wohlbefinden zu schenken. So umsorgen Eltern ihre Kinder und fühlen sich gut, wenn sie ihnen Geborgenheit und Zuwendung schenken können, wenn sie spüren, dass sich ihr Kind geliebt und angenommen fühlt.

Wenn mich unser kleines Kind zufrieden anstrahlt, weil wir es umarmen und liebkosen, dann erfüllt mich das mit unbeschreiblicher Freude.

Der Mensch ist als soziales Wesen auf andere Menschen angewiesen. In der Vergangenheit wurde das Bedürfnis nach sozialem Kontakt hauptsächlich von der Großfamilie abgedeckt. Die Familie begleitete durch Freud und Leid. Vor allem Großeltern und nahe Verwandte unterstützten Eltern tatkräftig in der Betreuung der Kinder und gaben emotionale Hilfe in schwierigen Situationen. Dies bedeutete für Eltern eine große Unterstützung. Familien mit vielen Kindern mögen sich selbst genug sein, es gibt sie aber immer seltener. Deshalb werden heute andere zwischenmenschliche Kontakte wichtiger denn je.

> Für den Menschen ist es lebenswichtig, enge Freunde zu haben. Leute, die sich wirklich um einen kümmern und einem Anteilnahme zeigen. *Dalai Lama*

> Man will nicht nur geliebt werden, man will auch Liebe schenken.

Kinder brauchen vielfältige Beziehungen

Die Familie ist der wichtigste Ort, an dem man sein Selbst entwickelt – das gilt gleichermaßen für Eltern und für Kinder. Im Gegensatz zu früher, als das Leben und Überleben der Gruppe im Vordergrund stand, werden in unserem Kulturkreis heute die individuellen Bedürfnisse der Menschen sehr ernst genommen. Dementsprechend versuchen Eltern die unterschiedlichen Fähigkeiten und Eigenschaften ihres Kindes wahrzunehmen und es in der Weiterentwicklung zu fördern. Aber in der Familie hat man auch die Verpflichtung, für andere Sorge zu tragen. Kinder müssen daher im Laufe ihrer Entwicklung die wichtigsten Grundlagen des sozialen Miteinanders verinnerlichen. Sie lernen durch das Zusammenleben und das gemeinsame Tun mit Eltern, Geschwistern und anderen Bezugspersonen, sich in andere Menschen hineinzuversetzen, Gefühle und Stimmungen nachzuempfinden. Was ein Kind über das zwischenmenschliche Verhalten lernt, ist bestimmt

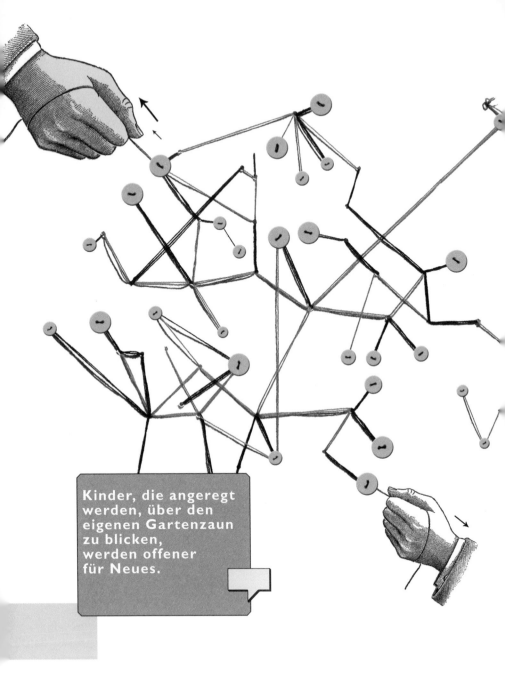

Kinder, die angeregt
werden, über den
eigenen Gartenzaun
zu blicken,
werden offener
für Neues.

durch die Art und Weise, wie Eltern und andere Erwachsene miteinander und mit dem Kind umgehen. Gegenseitiger Respekt und Achtung müssen vorgelebt werden, denn das gelebte Vorbild zählt weit mehr als die Ermahnung. Remo Largo, einer der führenden Wissenschaftler auf dem Gebiet der kindlichen Entwicklung, schreibt: „Nur in gegenseitiger Achtung und Wertschätzung können wir unsere unterschiedlichen Fähigkeiten entwickeln und ausleben. Individualität und Gemeinschaftssinn schließen sich nicht aus, sie bedingen einander sogar. Wir brauchen die anderen Menschen, weil wir nur durch sie unser Bedürfnis nach Geborgenheit und Zuwendung befriedigen können. Jeder Mensch ist für sein Wohlbefinden auf den Kontakt mit anderen Menschen angewiesen."

Kinder wachsen kontinuierlich in neue Sozialbeziehungen hinein. Je älter die Kinder werden, desto bedeutsamer werden die Beziehungen außerhalb der Kernfamilie. Wenn Kinder neben ihren Eltern andere Erwachsene als Vertraute haben, die ihnen mit Freundlichkeit und Zuneigung begegnen, dann bedeutet das eine große Unterstützung.

Mein 14-jähriger Sohn Stefan zieht sich seit geraumer Zeit von mir zurück. Wenn hingegen sein Pate zu Besuch kommt, dann freut er sich sehr. Die beiden diskutieren gern miteinander und ich hab das Gefühl, dass er auf den Paten viel mehr hört als auf mich. Da erzählt er auch Dinge, die er mir niemals mitteilen würde. Anfangs hat mich das gestört, aber allmählich habe ich erkannt, wie wichtig diese Gespräche sind. Ich habe erst lernen müssen, dies nicht als Konkurrenz zu empfinden, sondern als Unterstützung.

Kinder brauchen für ihre Entwicklung nicht nur Kontakt und Reibung mit den Eltern, sondern auch mit anderen Menschen. Durch die Beziehungen zu Verwandten, Nachbarn, Babysittern, Freunden oder anderen Bezugspersonen entstehen neue Erfahrungsfelder.

Die Bedeutung einer engen Bezugsperson, wie beispielsweise des Paten oder der Patin, wächst durch eine verlässliche Beziehung, die zum Kind oder Jugendlichen aufgebaut wird. Sich regelmäßig Zeit zu nehmen, gemeinsam etwas zu unternehmen oder in schwierigen Phasen als Vertrauensperson zur Verfügung zu stehen, ist bei weitem wertvoller als eine Fülle von Geschenken zu den Pflichtanlässen.

Eltern pflegen Beziehungen

Wie Eltern in ihrem Umfeld Freundschaften und Kontakte gestalten, hat einen großen Einfluss auf die Entwicklung der Kinder. Studien belegen, dass Kinder von Eltern mit einem ausgedehnten Freundeskreis mehr Beziehungen zu Gleichaltrigen und mehr Schulfreunde haben. Wenn Eltern den Kindern vorleben, dass ihnen Freundschaften wichtig sind, und Freude zeigen, wenn sie ihre Bekannten sehen, dann hat dies einen großen Einfluss auf die Kontaktfreudigkeit der Sprösslinge. Kinder erleben dann Freundschaften als etwas Wertvolles.

Balance zwischen Aktivität und Ruhe

Die meisten Kinder mögen große Gemeinschaften. Sie lieben es, mit mehreren Familien unterwegs zu sein, sie schätzen Unternehmungen und Feste. Schöne gemeinsame Erfahrungen, ob in der Natur oder bei einem Besuch des Schwimmbads, ob beim Museumsbesuch oder einer Stadtbesichtigung, geben den Familien neue Energie für den Alltag. Gleichzeitig sind die Kinder in solchen Fällen meist ganz unkompliziert: Sie wandern stundenlang ohne zu jammern und sind viel selbständiger als zu Hause.

Am Sonntag machen wir öfters mit Bekannten einen Ausflug. Die Kinder freuen sich immer sehr darauf, denn da treffen sie andere Gleichaltrige, mit denen sie sich meist ganz allein beschäftigen. Wir Erwachsenen können dann gemütlich in der Sonne sitzen und haben Zeit für Gespräche. In diesen Momenten kann ich so richtig auftanken.

Am Ende eines gemeinsamen Ausfluges kann in der Familie darüber geredet werden, was man an den Freunden und deren Kindern gut findet, warum man gerne mit ihnen zusammen ist. Da merken die Kinder, dass die Eltern hinter ihren Freundschaften stehen und sie schätzen.

Für die Pflege sozialer Kontakte benötigt man Zeit und Energie. Verantwortung nicht nur für sich selbst, sondern auch für die Mitmenschen zu übernehmen, bedeutet oft einen großen zeitlichen Aufwand und viel Einsatz. Die Organisation eines Festes oder eines gemeinsamen Tages ist manchmal sogar recht anstrengend, aber meist bekommt man für die Mühe auch viel persönliche Befriedigung zurück.

Eltern, die gut
von Freunden und
Bekannten sprechen,
fördern
die Kontaktfreude
ihrer Kinder.

Familien brauchen
Zeiten für sich selbst.

Gemeinschaft
muss gestaltet
werden.

Es war ein besonderes Erlebnis, als unsere Freunde ein Fußballturnier mit anschließendem Grillfest veranstaltet haben. Da waren zwölf Familien, alle mit Kindern verschiedenen Alters. Auch kinderlose Freunde waren da. Nach dem gemeinsamen Grillen wurden die Mannschaften gebildet: Kleine Kinder und Jugendliche, Frauen und Männer spielten pausenlos mit viel Einsatz. Natürlich ging es nicht ohne Verletzungen ab, aber am Ende nach der Preisverleihung waren alle glücklich. Am Abend sagte mein neunjähriger Sohn zu mir, dass das der schönste Tag in seinem Leben gewesen sei.

Innerhalb der Familie soll aber eine ausgewogene Balance zwischen Zeiten der Ruhe und Zeiten der Aktivität gefunden werden. Ein Übermaß an Unternehmungen und sozialen Kontakten kann für Eltern und Kinder anstrengend sein. Ständig in Aktion, nie zu Hause, immer unterwegs sein bringt Unruhe und Hektik. Eltern und Kindern fehlt dann die Zeit, wichtige Dinge zu besprechen und zu entspannen. Denn auch Kinder wollen manchmal nichts Besonderes unternehmen, einfach nur zu Hause spielen oder wenn sie älter sind mal richtig faulenzen. Zudem entwickeln sich gerade während solcher „Leerlaufzeiten" oft wichtige Gespräche. Mit den Kindern am Sonntag auf dem Sofa sitzen und über Alltägliches sprechen oder mit Muße etwas länger am Mittagstisch bleiben, bedeutet Raum zu haben für liebevolle Begegnungen ohne die Hektik des Alltags- und Freizeitstresses.

Neue Beziehungen entstehen

Durch Kinder ergeben sich für viele Eltern neue Kontakte und Beziehungen. Im Kindergarten, in der Schule, bei Freizeitbeschäftigungen trifft man auf andere Eltern und aus diesen Begegnungen können sich neue Freundschaften entwickeln. Manchmal ergreifen auch die Kinder überraschende Initiativen, um Eltern miteinander in Kontakt zu bringen.

Meine zehnjährige Tochter äußerte kürzlich den Wunsch, gemeinsam mit ihrer gleichaltrigen Freundin ein Abendessen für beide Familien zu kochen. Sie wollten, dass wir uns besser kennen lernen. Ich habe also meine Küche zur Verfügung gestellt und sie Gerichte „zaubern" lassen. Dabei bin ich ihnen ein wenig unterstützend zur Seite gestanden. Am Ende haben dann beide Familien gemeinsam einen sehr netten Abend verbracht.

Erfahrungen und Sorgen teilen

Für Eltern ist es wichtig, Menschen zu haben, die unvoreingenommen zuhören können. Immer wieder tauchen in Familien Probleme, Sorgen und Ängste auf. Wenn Verwandte oder Freunde und Bekannte sich Zeit nehmen, aufmerksam sind und interessiert zuhören, bedeutet das für Eltern eine große Unterstützung. Gut gemeinte Ratschläge und voreilige Rezepte hingegen werden oft als Kritik an der eigenen Erziehung aufgenommen. Mit familiärer oder freundschaftlicher Unterstützung werden viele stressreiche Situationen bewältigt. Wenn Familien ein gutes soziales Umfeld haben, das hilfreich zur Seite steht, dann braucht es weniger professionelle Beratung. In vielen Dingen können die Menschen gut füreinander sorgen. Mit anderen Eltern zu reden erleichtert, denn der Austausch eröffnet neue Sichtweisen. In Familien gibt es immer wieder eingefrorene Muster. Um diese auftauen zu können, braucht es einerseits die Bereitschaft zu verstehen, was passiert, aber auch die Bereitschaft einen Perspektivenwechsel vorzunehmen. Insbesondere dann, wenn Eltern Angst um das psychische und

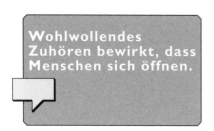

Wohlwollendes Zuhören bewirkt, dass Menschen sich öffnen.

physische Wohl des Kindes haben, erstarren sie und konzentrieren sich nur mehr auf das Problem. Ähnliche Erfahrungen anderer Eltern geben dann das Gefühl, mit den eigenen Sorgen nicht alleine dazustehen. Ideen und Gedanken der anderen lassen Mut zur Veränderung entstehen. Man wird angeregt, einmal etwas Neues auszuprobieren und gewohnte Bahnen zu verlassen. „Es gibt kaum etwas Beglückenderes als diese leider viel zu seltenen Momente im Leben, in denen man spürt, wie der von all den tagtäglich zu lösenden Problemen gar zu eng gewordene Blick sich plötzlich zu weiten beginnt, wie einem das Herz aufgeht und die Ideen übersprudeln. (...) Als ob jemand einen alten Vorhang beiseite gezogen hätte, sind all die festgefahrenen und festgezurrten Bilder, die man als Erwachsener im Kopf hat, in solchen Augenblicken verschwunden. Der Kopf ist plötzlich wieder frei", schreibt der Hirnforscher Gerald Hüther in seinem Buch „Die Macht der inneren Bilder".

Unterstützung annehmen

Viele Eltern von Säuglingen und Kleinkindern neigen zu Selbstüberforderung und Selbstüberschätzung. Oft sind sie aber nur deswegen erschöpft, weil sie ohne Unterbrechung als Eltern zur Verfügung stehen. Sie scheuen sich, um Hilfe zu bitten, damit sie mal etwas Zeit für sich selbst haben, und glauben, es alleine schaffen zu müssen. Da braucht es manchmal dringend eine Entlastung. In solchen Situationen ist es hilfreich, wenn sich Verwandte oder Freunde als Babysitter anbieten. Einmal einen Spaziergang mit der Kleinen zu machen, damit die Eltern schlafen können oder ein bisschen Zeit für sich selbst haben, bedeutet praktische Hilfe.
Auch in vielen anderen Situationen wird Unterstützung gebraucht. Bei der Organisation des Alltags, wenn Kinder krank sind oder wenn es darum geht, die Kinder abzuholen, wenn die Eltern arbeiten und sich nicht freimachen können. Sich mit anderen Eltern abzusprechen und Fahrgemeinschaften zu bilden, bedeutet für alle Entlastung und ist nebenbei auch noch für die Kinder angenehm. Solche Formen der Nachbarschaftshilfe sind vor allem für jene Menschen besonders wertvoll, die keine Verwandten in unmittelbarer Nähe haben.

> Unterstützung anzunehmen ist kein Zeichen von Schwäche.

> Besonders Eltern von kleinen Kindern sind auf die Unterstützung durch zuverlässige Menschen, denen das Wohl des Kindes sehr am Herzen liegt, angewiesen.

Eltern bitten oft nicht um Hilfe, weil sie das Gefühl haben, dass die erfahrene Unterstützung angemessen ausgeglichen werden muss. Dies ist aber gerade dann, wenn man sich in einer Problemlage befindet und wenig Zeit hat, nicht immer machbar. Wenn man sich unter Nachbarn oder Freunden nicht gleichmäßig Unterstützung zukommen lassen kann, dann gibt es immer noch andere Formen der Anerkennung für die erfahrene Hilfe. Ein herzlich ausgesprochenes Dankeschön, ein kleines Geschenk oder die Einladung zum Abendessen sind schöne Zeichen des Dankes.

Gute Beziehungen zu Verwandten entlasten
Kinder sind für die Zuwendungen von Familienmitgliedern sehr empfänglich, sie freuen sich darauf, zu Tanten und Cousins zu gehen, mit den Onkeln zu spielen. Diese Formen des Kontaktes zu pflegen und zu unterstützen, bedeutet auch, den Familiensinn der Kinder zu stärken. Wenn in der erweiterten Familie gute Kontakte bestehen, hat man auch weniger Hemmungen, um Unterstützung zu bitten.
In vielen Situationen kümmern sich auch heute noch Großeltern und Verwandte um die Kinder. Dies bedeutet für die Eltern eine große Erleichterung, wenn sie berufstätig sind oder wenn sie gemeinsam etwas unternehmen wollen.

Meine Tante unterstützt uns sehr in der Betreuung unserer Kinder. Das haben wir von Anfang an ganz bewusst genutzt. Wir nahmen uns immer wieder Zeit nur für uns allein, weil wir es lieben, ins Kino zu gehen, Freunde zu besuchen oder gemütlich zusammen Abend zu essen. Der Alltag mit den Kindern wird leichter, weil wir diese Zweisamkeit haben. Anfangs war es schon schwierig um Unterstützung zu fragen, man hatte das Gefühl, sich rechtfertigen zu müssen. Wenn man arbeitet, hat man ja einen triftigen Grund für die Unterstützung, aber nur für die Freizeit, das kam uns schon irgendwie unangebracht vor. Heute wissen wir, wie nötig wir diese gemeinsamen Stunden brauchen und wie viel sie uns geben.

Angemessene Freiräume für sich selbst schaffen

E WIE ELTERN

ENERGIE

EN'

Energie tanken

Eltern brauchen für die verschiedenen Aufgaben in der Familie und ihre eigene Lebensführung viel Kraft. Diese Kraft in sich selbst zu spüren, ist für viele eine ganz neue Entdeckung. Manchmal erreichen Eltern aber einen Punkt, an dem sie müde sind. Da ist es notwendig, dass sie sich um sich selbst kümmern, indem sie angemessene Freiräume für sich schaffen. Durch vielfältige Beziehungen zu Verwandten und Freunden, die zum gegebenen Zeitpunkt Unterstützung bieten, wird dies möglich.

Wenn Eltern gestresst und überarbeitet sind, brauchen sie geeignete Quellen, um aufzutanken, denn sonst wird eine liebevolle Fürsorge schwierig. Energie zu schöpfen wird möglich, wenn man sich Zeit mit anderen Erwachsenen, für gemeinsame Aktivitäten oder für gute Gespräche gönnt. Regelmäßig etwas unternehmen, das Spaß und Freude macht, tut ebenso gut. Anstatt die Zeit ohne Kinder fürs Einkaufen oder Aufräumen zu nutzen oder um noch schnell etwas für die Arbeit zu erledigen, kann man ohne Schuldgefühle etwas für sich selbst tun.

Abschalten kann man lernen, indem man an schöne Dinge denkt oder an etwas, das Freude bereitet. Die Hirnforschung hat uns gezeigt, dass es innere Bilder gibt, die Angst machen und einen Menschen zwingen, sich vor der Welt zu verschließen. Es gibt aber auch Bilder, aus denen Menschen Mut, Ausdauer und Zuversicht schöpfen. Diese zu aktivieren ist gerade in Stresssituationen sehr hilfreich. Durch Entspannungsübungen oder imaginative Techniken kann man lernen, sich von den Problemen zu lösen und zu mehr Ruhe und Gelassenheit zu kommen.

Der innere sichere Ort

Folgende Übung „Aufsuchen eines inneren sicheren Ortes" ist in anstrengenden und hektischen Zeiten hilfreich, um zur Ruhe zu kommen. Nehmen Sie sich dafür fünf bis zehn Minuten Zeit.

Setzen oder legen sich bequem hin und stellen Sie sich dann einen Ort vor, an dem sie sich wohl, sicher und geborgen fühlen können. Dieser Ort kann in der Natur sein oder in einem angenehmen Raum, er kann real existieren oder nur vorgestellt werden. Stellen Sie sich nun vor, Sie befinden sich an diesem von Ihnen gewählten Ort, an dem Sie sich wohl / sicher / geborgen fühlen können. Suchen Sie sich dort ein Plätzchen, an dem Sie es sich so richtig bequem machen können. Spüren Sie, wie sie dort sitzen / liegen; schauen Sie, bei welchem Wetter es dort besonders angenehm ist, zu welcher Tageszeit ...

Nehmen Sie wahr, welche Geräusche es dort gibt, die Sie gerne hören, wie es riecht, welche angenehmen Gerüche es dort gibt, welchen Ausblick Sie von dort haben: Gestalten Sie sich das Umfeld so, dass Sie sich wirklich gut, sicher und wohl fühlen können.

Wenn diese angenehme Vorstellung gut wahrnehmbar ist, dann spüren Sie, wie es sich am Körper anfühlt, so entspannt zu sitzen / liegen. Verschränken Sie dann die Arme und klopfen abwechselnd, einmal links und einmal rechts, mit der Hand auf den Oberarm. Wiederholen Sie dieses Klopfen nach einem kurzen Abstand.

Je öfter diese kleine Übung wiederholt wird (z. B. günstig vor dem Schlafengehen), desto leichter ist es, auch in Stresssituationen an diesen inneren entspannten Ort zu gelangen. Wenn Sie bemerken, dass Sie nervös werden, dann begeben Sie sich innerlich an diesen Ort und verankern ihn durch das Klopfen. Dies aktiviert beide Hirnhälften und führt deshalb zu einer schnellen Entspannung auch in Stresssituationen. So spüren Sie, wie sich der Stress senkt und die Entspannung eintritt.

**Kinder schätzen
die menschliche
Unvollkommenheit.**

**In der Erziehung einen Weg
nach eigenen Vorstellungen
einzuschlagen, verlangt viel Mut
und Selbstsicherheit.**

Von Perfektionismus
und Leichtigkeit

Eltern wollen ihren Kindern ein gutes Leben ermöglichen und sie engagieren sich sehr dafür. Sie erleben aber auch, dass nicht immer alles nach
Plan läuft. Kinder sind chaotisch und sie lieben Irrwege und Umwege. Aber
auch Eltern sind keineswegs perfekt. Alle Eltern haben menschliche Grenzen: Sie haben mal gute, mal schlechte Laune, sie sind mal müde und mal
voller Energie, sie reagieren bei manchen Kleinigkeiten unverhältnismäßig,
sind bei anderen Dingen aber wieder ganz gelassen. Das alles hat viel mit
der eigenen Lebensgeschichte zu tun. Eltern sind geprägt von ihrer Vergangenheit, von ihren persönlichen Erfahrungen. Manche davon waren bereichernd, andere haben belastet, alle aber wirken sich auf die Beziehung
zu den eigenen Kindern aus. Glücklicherweise haben aber die Kinder kein
Problem mit Eltern, die menschlich sind und manchmal Fehler machen.

Es geht im Zusammenleben in der Familie also gar nicht darum, immer alles „richtig" zu machen, sondern darum, gemeinsam mit den Kindern ein Stück Lebensweg zu gehen und sie auf diesem bestmöglichst zu leiten und zu begleiten.

Eltern machen sich ihr Leben schwer, wenn sie meinen, immer allen gerecht werden und alles besonders gut machen zu müssen. Die Erwartungen der anderen, seien es jene der Großeltern, der Lehrpersonen, der Nachbarn, der anderen Eltern, werden zu Maßstäben. Eltern wollen kein schlechtes Gewissen haben, weil das Kind vielleicht eine Chance verpassen könnte, wenn es da oder dort nicht dabei sein kann. Sie fühlen sich immer verantwortlich, wenn das Kind die Schule schwänzt oder zu aufmüpfig ist. Und sie laden alle Schuldgefühle auf sich, wenn einmal etwas richtig schief geht. Manche Eltern sind besonders empfänglich für den Schwarzen Peter, der ihnen gerne von jenen zugesteckt wird, die ebenso ein Stück Verantwortung für den Erziehungsprozess übernehmen müssten. Aber das verwundert auch nicht, wenn man von allen Seiten kontinuierlich zu hören bekommt, dass Väter und Mütter ihrer Aufgabe nicht mehr gewachsen sind.

Perfektionistische Ansprüche ablegen

So manche Glaubenssätze von Eltern erschweren die Erziehung. Annahmen wie „Ich darf mein Kind nicht aus den Augen lassen", „Ich muss mein Kind vor negativen Erfahrungen schützen", „Ich muss meinem Kind immer alles erklären" oder „Ich bin Schuld an allem" stellen die Eltern unter einen hohen Leistungsdruck. Es gibt aber viele Möglichkeiten, um sich von perfektionistischen Anforderungen zu befreien.

1. Die Kinder der anderen sind weder besser noch schlechter

In den Köpfen vieler Erwachsener lebt ein Idealbild vom guten Vater und der guten Mutter. Die damit verknüpften gesellschaftlichen Erwartungen führen dazu, dass sich Eltern immer wieder mit anderen Eltern und deren Kindern vergleichen. Dabei kommen sie schnell in eine Mangelperspektive. „Die anderen können es besser mit ihren Kindern, sie haben weniger Sorgen, weniger Probleme. Die Kinder der anderen sind schneller in der

Viele Kinder reagieren empfindlich auf „immer schneller und immer besser".

Entwicklung, sie sind fleißiger in der Schule, folgsamer und talentierter." Eltern vergessen dabei, dass sie meist nur jene Ausschnitte des Lebens anderer wahrnehmen und beobachten können, in denen die Schwierigkeiten und Sorgen fehlen.

Im Nachbarhaus wohnt die perfekte Familie, die Tochter spielt Flöte, der Sohn ist der Beste der Klasse und dazu auch noch sportlich begabt. Und ich frag mich, wie machen die das? Wieso sind deren Kinder so perfekt? Wenn ich diese Kinder dann mit meinem Sohn Fabian vergleiche, werde ich unsicher. Er schreibt noch so schlecht, seine Hefte sind unordentlich, er lehnt den Besuch von Kursen ab und interessiert sich nur fürs Spielen im Hof. Wenn er sagt, dass er nicht Flöte spielen will, dann versteh ich das zwar, aber ich mach mir auch so meine Gedanken: Musisch Unbegabte dürfen bestimmte „gute" Schulen nicht besuchen. Dann frage ich mich: Bedeutet das schlechtere Zukunftschancen? Ist der schulische Erfolg wirklich grundlegende Voraussetzung für ein gelungenes Leben im Erwachsenenalter?

Gerade bei Klassentreffen in späteren Jahren kann man beobachten, dass sich nicht immer die Klassenbesten im Leben besonders bewähren. Eltern können also getrost ihrem Gefühl und dem Gespür für das eigene Kind folgen, anstatt irgendwelchen gesellschaftlichen Erwartungen und Normen nachzueifern, denen sie ohnehin nie gerecht werden können. Vergleiche orientieren sich an einem idealtypischen Durchschnittskind und werden sicherlich nie der Einzigartigkeit des eigenen Kindes gerecht. Jedes Kind hat sein eigenes Tempo in der Entwicklung, und die Aufgabe der Eltern besteht darin, dem Kind dieses Tempo zu lassen.

2. Ich muss nicht immer wissen, was mein Kind tut

Eltern haben ein tiefes Bedürfnis, Kinder zu beaufsichtigen und zu beschützen. Sie wollen wissen, wo sich ihr Kind befindet und was es gerade tut. Manchmal aber nimmt die elterliche Sorge zwanghafte Ausmaße an. Wenn Eltern ihr Kind auf Schritt und Tritt begleiten, wenn sie ständig verfügbar sind und gleichzeitig den Kontakt zu anderen Kindern oder Erwachsenen verhindern, sind alle erheblichem Stress ausgesetzt.

Kinder, die es gewohnt sind, ständig von Erwachsenen umsorgt zu werden, zeigen üblicherweise auch weniger Interesse am Kontakt mit anderen. Dadurch gehen ihnen wichtige Lernerfahrungen verloren, denn besonders im Austausch und im Spiel mit anderen Kindern entsteht ein Sinn für Verantwortung, kann die Dynamik des Gebens und Nehmens gelernt werden. Das kindliche Mitgefühl wird gestärkt und die Sensibilität für die Gefühle und Bedürfnisse anderer steigt.

Bereits im Kleinkindalter hat eine problematische Erziehungshaltung der heutigen Elterngeneration ihren Ursprung: die Überbehütung. Überfürsorgliche Mütter und Väter, die ständig mit ihren Gedanken bei den Kindern sind, die glauben alles lenken und organisieren zu müssen, die sich an ihre Kinder klammern und kein Vertrauen in die Fähigkeiten der Sprösslinge haben, machen ihre Kinder zögerlich und abhängig. Überbehütung wirkt entwicklungshemmend. Überbehütete Kinder trauen sich selbst nichts zu und können ihre Fähigkeiten nicht angemessen einschätzen. Sie sind unsicher und haben Angst davor Neues anzupacken.

Wenn Eltern eine überbeschützende Haltung gegenüber den Tätigkeiten des Kindes einnehmen, nehmen selbständige Aktivitäten schon innerhalb der ersten Lebensjahre schnell ab. Früh die Eigenständigkeit zu fördern hat also nichts mit Vernachlässigung zu tun, sondern es ermöglicht den Kindern, die eigenen Möglichkeiten auszuloten. In einer geeigneten Umgebung müssen nicht einmal Kleinkinder ständig beaufsichtigt werden. Meist genügt nur der Blickkontakt zu den Eltern und die Kinder fühlen sich sicher. Was es bedeutet, die eigenen Grenzen auszuloten, sieht man am Beispiel des Gehenlernens besonders gut. Ein Kind, das ängstlich nie die Hand der Mutter auslässt, wird erst relativ spät beginnen, alleine zu laufen. Nur durch das selbständige Erproben und Üben lernt das Kind, wozu der Körper imstande ist und wozu nicht. Und das Hinfallen gehört eben auch dazu. Viele Kinder, die immer eine Hilfe neben sich oder hinter sich wahrnehmen, werden diese lange beanspruchen und die Eltern werden in gebückter Haltung Tag für Tag ausgedehnte Spaziergänge machen. Wenn Eltern loslassen können, schaffen sie nicht nur Möglichkeiten für das Kind, sondern auch für sich selbst. Da kann man sich einfach mal zurücklehnen und dem Kind mit Freude zuschauen, wie es selbst die Welt erkundet. Wer loslassen kann, hat die Hände frei und kann sie mit neuen Aufgaben füllen.

Überbehütung wird oft genährt von elterlicher Angst. Eltern, die ängstlich sind, denken immer daran, was ihren Sprösslingen alles passieren könnte. Sie könnten in einen Abgrund stürzen, vom Baum fallen, an einem Apfelstück ersticken, sich einen Zahn ausschlagen, den „Drogen verfallen", mit dem Fahrrad verunglücken. Solche Sorgen und Ängste lähmen und nehmen den Eltern viel Energie. Gleichzeitig leiden die Kinder, wenn sie nichts ausprobieren dürfen, weil sie „dafür noch zu klein sind". Eltern, die ihren Kindern nicht ununterbrochen helfen und ihnen einen Freiraum zum Ausprobieren lassen, leben gelassener.

Neulich wanderten wir mit einer befreundeten Familie im Wald, unsere 8 und 11 Jahre alten Buben liefen voraus. Schon nach kurzer Zeit begannen wir uns zu sorgen: Wo sind die Burschen? Wir suchten nach ihnen, sie waren nirgends zu finden. Wir dachten, sie hätten sich verirrt und riefen nach ihnen. Wir suchten eine halbe Stunde und überlegten bereits, welche Rettungskräfte wir wohl am besten mobilisieren sollten. Nach der ergebnislosen Suche hasteten wir zum Parkplatz. Die Buben warteten dort seelenruhig auf uns und sagten: "Wo wart ihr so lange, wir warten schon eine halbe Stunde auf euch.

Je mehr Zeit die
Eltern mit ihren
Kindern verbringen,
desto geringer ist
die Zeit, die Kinder
mit anderen Kindern
zusammen sind.

Wenn Kinder immer der
Mittelpunkt der Welt sind,
werden sie fordernd
und kleine Tyrannen.

Ist unser Sicherheitsdenken
nicht schon längst ins
Zwanghafte abgerutscht?

3. Jede Förderung hat Grenzen

Eltern wollen ihr Kind fördern und ihm die bestmöglichen Zukunftschancen einräumen. Darum führen sie es von einer entwicklungsfördernden Freizeitbeschäftigung zur nächsten: vom Musik- zum Sport- oder auch Sprachenunterricht, oft an mehreren Tagen der Woche. Zusätzlich unterstützen viele die Kinder bei den Hausaufgaben, damit sie den Leistungsstandards der Schule entsprechen. Die dem Kind angeborene Neugier und die Lust, selbst zu erkunden, wird dadurch aber oft eher behindert. Kinder eignen sich Fähigkeiten und Wissen auf ihre eigene Art und Weise an. Sie besitzen ein angeborenes Bedürfnis, sich selbst zu entwickeln, und dieses verträgt sich nicht immer mit der Förderwut der Eltern.

> **Wenn das Kind aus eigenem Antrieb lernt, dann erlebt es das, was es erlernt hat, als eine von ihm erarbeitete Fähigkeit und dies stärkt dann das Selbstwertgefühl.**

Eltern müssen die Kinder nicht immer anregen und ihnen Fähigkeiten und Wissen vermitteln. Sie können darauf vertrauen, dass Kinder von sich aus so viel von ihrer Umwelt aufnehmen, wie ihnen möglich ist. Eltern müssen dabei nur für eine Umgebung sorgen, die stimulierend wirkt, aber nicht überfordert. Heute aber stellt gar manches Kinderzimmer bedingt durch die Fülle an Spielsachen für Kinder eine Überforderung dar.

> **Kinder lernen, indem sie spielen.**

> **Das eigenständige Spielen ist eine Quelle für Kreativität und Erfindungsgeist, eine viel größere als die meisten Kurse bieten können.**

Eines Tages kam ein Freund aus dem Kindergarten zu meinem Sohn nach Hause. Sofort erkundete er unsere Wohnung. Als er in das Kinderzimmer kam, drehte er sich zu mir um und sagte: „So wenig Spielsachen habt ihr da, was sollen wir denn hier spielen?" Es dauerte nicht lange und die beiden waren im Garten und spielten mit allem, was sie finden konnten.

Können Sie sich noch daran erinnern, wie Sie als Kind spielen konnten und was das für Sie bedeutet hat? Heute schrumpft die Zeit, in der die Kinder frei spielen können, in ganz Europa stark zusammen. Dabei ist gerade das freie Spiel wichtig für die Entwicklung der Fantasie und des Erfindergeistes des Kindes. Kinder spielen, wenn es ihnen gestattet ist, gerne stundenlang im Matsch, mit Wasser, mit Papier, mit herumliegendem Holz. Und Eltern brauchen einfach nur zulassen, dass sich Kinder selbst beschäftigen. Anfangs tritt oft Langeweile auf und Kinder fragen „Aber was soll ich machen?". Wenn hier Eltern nicht eingreifen, sondern Langeweile zulassen, dann werden Kinder von selbst aktiv.

4. Kinder wachsen auch durch Krisen

Manche Eltern wollen ihren Kindern ein konflikt- und problemfreies Leben ermöglichen, in der Überzeugung, dass dies den Kindern dienlich sei. Es gibt aber keine Entwicklung ohne Reibung und Widersprüche. Es tut Kindern nicht gut, wenn ihnen alle Schwierigkeiten aus dem Weg geräumt werden. Erziehen bedeutet, Kinder auf das Leben vorzubereiten, und dazu gehört eben auch, schwierige Situationen selbst meistern und Rückschläge verkraften zu lernen. Ansonsten verlieren Kinder und Jugendliche den Sinn für Realität. Kinder brauchen ein rechtes Maß an Versagen und an negativen Erfahrungen, die sie selbst überwinden lernen.

Ich kann es fast nicht mit ansehen, wenn meine Tochter Lisa beim Spielen ausgeschlossen wird, da leide ich schrecklich. Sie tut mir so Leid. Ich kann mich fast nicht zurückhalten, möchte eingreifen und es wieder zum Guten wenden. Und dabei weiß ich genau, dass Lisa die Fähigkeit besitzt, ihren Platz zu behaupten.

Immer wieder werden die Eltern von den großen und kleinen Sorgen ihres Kindes belastet und es entsteht der Eindruck: „Wenn ich nicht eingreife, erleidet mein Kind etwas Schlimmes." Kinder kennen aber selbst viele Problemlösestrategien. Vielleicht dauert es manchmal etwas länger, aber meist bewältigen sie ihre Probleme ohne Unterstützung der Erwachsenen.

Kinder, die gelernt haben, ihr Leben in die Hand zu nehmen, werden mutiger. Sie können immer wieder aufs Neue entdecken, was alles in ihnen steckt, und sie lernen auf sich selbst aufzupassen. Auch bei Erwachsenen sind Probleme und Schwierigkeiten oft Anstoß für eine gesunde Weiterentwicklung. Gerade in Momenten, in denen Bedürfnisse nicht erfüllt werden, erlangt man die größte Klarheit darüber, was einem wirklich wichtig ist. Zudem erlebt man die Macht und die Tiefe der Gefühle am besten, wenn man glaubt, den Boden unter den Füßen zu verlieren. Da kommt man in Kontakt mit Bereichen von sich selbst, die man bislang nicht kannte, und greift auf eigene Kräfte und Fähigkeiten zurück. Durch die Bewältigung von Krisen wird man gefestigter für das Leben.

5. Das Beste hält nicht immer, was es verspricht
Eltern haben meist klare Vorstellungen davon, was für ihr Kind gut und was schlecht ist. Ist aber das, was Sie für ihr Kind anstreben und als gut empfinden, wirklich das, was das Kind selbst will? Ist es vielleicht so, dass das Kind ganz andere Dinge möchte, seine Wünsche aber nicht artikulieren oder durchsetzen kann?
Säuglinge bringen ihre Bedürfnisse ganz klar zum Ausdruck. Sie sind vollkommen abhängig von der Fähigkeit der Eltern, sich auf sie einzustellen, und deren Willen, möglichst viel darüber zu lernen, wer ihr Kind ist und was es wirklich braucht. Denn Kinder unterscheiden sich grundlegend. Einige brauchen Ruhe und wollen am liebsten alleine in ihrem Bettchen liegen, andere wiederum brauchen unglaublich viel Körperkontakt, wollen ständig gewiegt oder getragen werden. Manche Säuglinge werden von den Eltern als angenehm und gemütlich erlebt, weil sie fast gar nichts brauchen, andere wiederum als unruhig und anspruchsvoll, weil sie wenig schlafen und alles schnell lernen wollen. Diese Charaktereigenschaften der Kleinen entwickeln sich im späteren Leben weiter. Wie diese dann von den Eltern wahrgenommen

In Watte gepackte Kinder, denen immer alle Probleme abgenommen werden, werden nie erwachsen.

Wer ist mein Kind und was braucht es wirklich?

tief

werden, muss nicht immer mit dem übereinstimmen, wie es im Säuglings-
oder Kleinkindalter war. Die anfangs positiv empfundene Gemütlichkeit
kann später von den Eltern als Faulheit erklärt werden, im Gegenzug dazu
die Unruhe als Wissensdurst und Lernbereitschaft. Zu jedem Entwicklungs-
zeitpunkt können also die Charaktereigenschaften der Kinder ins Positive
oder Negative gedeutet werden. Ein starrköpfiges Kind kann auch als ziel-
strebig betrachtet werden, ein egoistisches als selbstbewusst.

Es liegt an den Eltern, die vielfältigen Eigenschaften der Kinder möglichst
positiv zu betrachten und sich auf die Talente und die Unterschiede einzulassen. Zu verstehen, wen man vor sich hat, bedeutet eventuell auch eigene
Vorstellungen zu verlassen.

Auf die Bedürfnisse des Kindes einzugehen, ist im Säuglingsalter für viele
Eltern noch nachvollziehbar, aber es wird oft zu einem Problem, wenn die
Kinder größer werden. Nicht selten prägen dann genaue Vorstellungen
vom „braven" Kind die Eltern. Schon nach kurzer Zeit glauben sie zu wissen, wer und wie das Kind ist. Diese inneren Bilder machen manchmal blind
und taub. Zu akzeptieren, dass sich das Kind von den eigenen Erwartungen
und Wünschen unterscheidet, belastet gar
manche Eltern-Kind-Beziehung. Das Kind
spürt nämlich ganz genau, dass es anders
sein sollte, als es ist, und möchte einerseits
den Wünschen der Eltern entsprechen, andererseits aber auch den eigenen Weg finden. Dies bringt oft große emotionale Konflikte mit sich.

> **Alle Kinder
> tragen viel
> Wertvolles in
> sich, wenn es nur
> zur Entfaltung
> kommen kann.**

6. Ich befreie mich von meiner Schuld

Kinder durchleben immer wieder schwierige Phasen. In solchen Krisensituationen
haben Eltern häufig das Gefühl, mit ihrer
Erziehung gescheitert zu sein. „Ich weiß,
ich habe vieles falsch gemacht" oder „Ich
bin schuld an allem" sind Gedanken, die
dann auftreten. Das Gefühl, versagt zu haben, lässt sich aber oft nicht an einzelnen

> **Eltern können
> sich glücklich
> schätzen, wenn
> es ihren Kindern
> gelingt, eigene
> Wünsche und
> Positionen zu
> vertreten.**

Handlungen festmachen. Das heißt, es gibt keinen bestimmten Anlass, sondern man denkt, dass insgesamt etwas anders sein sollte, meist man selbst. Mit Aussagen wie „Ich hätte mir mehr Zeit nehmen sollen", „Wenn die Scheidung nicht gewesen wäre", „Ich hätte nicht arbeiten gehen sollen" drücken Eltern ihre Schuldgefühle aus. Solch diffuse Schuldgefühle aber bringen weder den Eltern noch den Kindern was, sie machen nur niedergeschlagen und man verliert die Kraft zur Veränderung. Wenn Kinder oder Jugendliche nicht den Erwartungen entsprechen oder über die Stränge haben, kommt es oft zwischen Vater und Mutter zu gegenseitigen Vorwürfen wie „Ich hab ja immer gesagt, du sollst nicht so nachgiebig sein" oder „Wärst du nicht so streng gewesen, hätte sie heute mehr Vertrauen in uns." Aber auch diese gegenseitigen Schuldzuweisungen tragen nicht zur Lösung von Problemen bei.

Verhaltensauffälligkeiten der Kinder sind nicht nur auf Erziehungsfehler zurückzuführen. Oft sind die Schwierigkeiten entwicklungsbedingt, vor allem dann, wenn es für die Kinder darum geht, Eigenständigkeit und Autonomie auszudrücken. Kritische Lebensabschnitte durchlebt jedes Kind, das eine früher, das andere später, und diese können nicht einfach unterbunden oder unterdrückt werden. Kinder bedürfen in unsicheren Entwicklungsmomenten einer klaren Haltung und der Führung ihrer Eltern, jedoch anzunehmen, dass dadurch die problematischen Verhaltensweisen sofort verschwinden oder erst gar nicht auftreten, ist ein Irrtum.

Eltern können die Verantwortung übernehmen, wenn mal etwas nicht gelingt, aber sie sollen sich nicht schuldig fühlen, wenn sie nicht immer alles im Griff haben.

Glück und Unglück der Kinder hängen nicht immer nur von den Eltern ab.

Familie ist
charakterisiert durch
Zwischenlösungen
und Kompromisse.

7. „Weil ich es will" ist auch eine Erklärung

Eltern glauben heute, dass Kinder ein Recht auf Erklärung haben. Daher bemühen sie sich, dem Kind ihre Entscheidungen zu begründen und peinlichst genau zu erläutern.

Als junge Mutter wollte ich immer alles möglichst gut und perfekt machen. Ich wollte meinen Kindern immer alles peinlich genau erklären und begründen. Sie vor unliebsamen Erfahrungen zu schützen, war mir besonders wichtig. Als ich wieder einmal einen meiner Vorträge hielt, da sagte mein siebenjähriger Sohn zu mir: „Du brauchst nicht alles drei Mal zu sagen, ich hab es ja schon längst verstanden."

Erwachsene reden zu viel und hören nicht auf zu überzeugen, gut zuzureden und sich zu rechtfertigen. Und nach endlosen Diskussionen geben sie dann oft doch nach, damit die Harmonie erhalten bleibt.

Aber ist Standfestigkeit ohne große Argumente etwas Schlechtes? Nicht immer haben wir Erklärungen und gute Argumente. Dann kann man sich auch auf das eigene Gefühl verlassen und eine intuitive Entscheidung treffen. Manchmal gibt eine klare Anweisung ohne Erläuterung und Diskussion ohnehin mehr Struktur und Halt und die Kinder haben die Möglichkeit, sich zu orientieren oder sich klar dagegenzustellen. Denn auch Kinder reden nicht viel, sie handeln, wenn etwas nicht ihren Vorstellungen entspricht. Kinder wollen gegenwärtige und glaubwürdige Ansprechpartner, die hinter dem stehen, was sie sagen.

Und zu guter Letzt: Es lebe das Chaos

Kinder verursachen Chaos. Wenn in einem Haus Kinder leben und dort spielen, dann herrscht oft Unordnung.

Es war ein schleichender Prozess. Anfangs wehrte ich mich dagegen. Aber ich hatte keine Chance. Unsere Familie wuchs und unsere Wohnung veränderte sich. Immer öfter blieb das Badezimmer schmutzig, die Küche unaufgeräumt, die Spielsachen im Wohnzimmer, die Kleider verstreut. So sehr ich auch darunter litt, ich musste einsehen, dass in unserer Familienkultur einige Dinge wichtiger waren als die Ordnung im Haus. Für eine gewisse Zeit zumindest.

Eltern müssen, wenn sie nicht unter Überforderung leiden wollen, in der Aufgabenbewaltigung oft Prioritäten setzen und beginnen, das Wichtige vom Unwichtigen zu trennen.

Was kann ich aufschieben und später machen? Was ist mir in diesem Moment besonders wichtig? Die Diskussion mit der Tochter, die Hausaufgabenhilfe für den Sohn, das gemeinsame Spiel mit der Kleinen, die Essenszubereitung oder vielleicht gar das Telefongespräch mit meiner Freundin?

Muss das Abendessen immer pünktlich auf dem Tisch stehen oder kann man auch einmal gemeinsam ein bisschen improvisieren, weil man bei Bekannten war und deswegen eben später nach Hause gekommen ist?

Wer nicht immer alles so genau nimmt und keine Angst vor Improvisation hat, begegnet den alltäglichen Aufgaben wesentlich stressfreier und kann sich leichter auf spontane Momente des Spaßes und des Glücks einlassen. Flexible und gelassene Eltern haben es leichter.

Den eigenen Gefühlen folgen

Erziehung sollte möglichst spontan und intuitiv erfolgen. Wenn Eltern auf die Bedürfnisse ihres Kindes eingehen und ihm mit Achtung und Respekt begegnen, brauchen sie kaum Belehrung von außen. Wenn Eltern das Gefühl haben, dass ihnen etwas gut gelingt, dann sollten sie dies auch nicht ändern, auch wenn in den Ratgebern etwas anderes steht. Denn wenn man alles gut und richtig und nach Vorschrift machen will, dann verkrampft man sich leicht.

Beispielhaft sei hier das leidige Thema „Schnuller" erwähnt. Viele Eltern sind durch die Aussagen namhafter Experten verunsichert, welche die Schädlichkeit von Schnullern betonen. Sie sind besorgt, wenn sich ihr Kleinkind nicht zum „richtigen" Zeitpunkt vom geliebten Objekt trennen kann. „Was braucht mein Kind?" ist jedoch die einzige hilfreiche Frage, die der Individualität des Kindes gerecht wird. Manche Kinder brauchen den Schnuller als Trost und als Saugobjekt eben ein klein wenig länger. Wenn es den Eltern gelingt, den richtigen Moment zu nutzen, nämlichen jenen,

> **Leichtigkeit ist ein zentraler Moment in der Erziehung.**

> **Nicht immer an gleichen Mustern festzuhalten und auch mal ausgefallene und überraschende Ideen zu entwickeln, das ist gelebte Beziehung zum Kind.**

in dem das Kind eigentlich schon von selbst bereit ist, die liebgewonnene Gewohnheit aufzugeben, dann gibt es meist gar keine Probleme. Manchmal versäumen Eltern diesen Zeitpunkt, aber auch das ist nicht weiter dramatisch. Es gibt immer noch schöne altersgerechte Möglichkeiten, die den Kindern die Abgabe erleichtern. Kreative Eltern können sich beispielsweise ein schönes Abschiedsritual ausdenken. In manchen Ländern hängen die Kinder ihre Schnuller an einen Baum und verabschieden sich so von ihm. Und genau diese Kleinigkeiten im Umgang mit den großen und kleinen Fragen der Kindererziehung machen den Unterschied und sind entscheidend dafür, wie Eltern und Kinder sich fühlen.

Ein bestimmtes Maß an Leichtigkeit in der Erziehung tut gut. Die meisten Schwierigkeiten lösen sich ohnehin von selbst. Dies berichten viele Eltern, deren Kinder bereits erwachsen sind. Ähnlich verhält es sich, wenn man die eigenen Probleme mit Distanz nach ein paar Jahren betrachtet. Da kann über vieles gelacht werden, was einstmals so dramatisch war. Oft stellt sich im Nachhinein auch heraus, dass sich gerade Schwierigkeiten und Hindernisse als unerwartete Quellen der Kraft erwiesen haben.

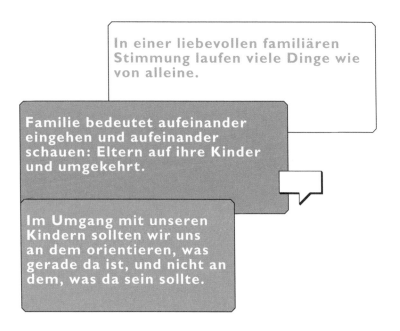

In einer liebevollen familiären Stimmung laufen viele Dinge wie von alleine.

Familie bedeutet aufeinander eingehen und aufeinander schauen: Eltern auf ihre Kinder und umgekehrt.

Im Umgang mit unseren Kindern sollten wir uns an dem orientieren, was gerade da ist, und nicht an dem, was da sein sollte.

Ein freundliches Familienklima schaffen

Ein liebevoller Umgang und gemeinsame schöne Erlebnisse tun allen Familienmitgliedern gut. Für freundliche Worte und ein Lächeln sind alle Menschen empfänglich. Thich Nhat Hanh, der vietnamesische Zen-Meister, empfiehlt „Lächeln Sie jeden Morgen allen, denen Sie begegnen, zu".

Auch die Erinnerung an die in der eigenen Herkunftsfamilie gelebten schönen Momente geben Anregungen dafür, was wir unseren Kindern weitervermitteln können.

Ich erinnere mich noch so gut daran, wie ich gemeinsam mit meinen zwei Schwestern am Samstag baden durfte. Da hatten wir viel Spaß. Während wir in der Wanne hockten, buk meine Mutter einen Kuchen und der Duft strömte durchs ganze Haus. Ich kann diesen Duft heute noch riechen. Als wir dann fertig waren und die frischen Pyjamas anhatten, da gab Mutter jeder von uns ein Stück Kuchen. Und so war es an jedem Samstag, ich freute mich immer richtig darauf.

Die meisten Kinder sind gerne kooperativ und freundlich. Wenn Erwachsene den Kindern sagen, was sie an ihnen mögen, wird eine gute Stimmung in der Familie gefördert. Mit einfachen Sätzen wie: „Ich bin froh, dass es dich gibt", „Du machst deine Dinge richtig gut", „Es ist schön zu sehen, wie du mit deinem Bruder teilst" werden gute Voraussetzungen für die Kooperation mit den Kindern geschaffen. In einem herzlichen Familienklima entwickeln die Kinder zudem ihr Einfühlungsvermögen weiter. Sie wissen, dass es auch den Erwachsenen gut tut, ein paar nette Worte, ein Kompliment zu hören.

Unsere sieben und neun Jahre alten Kinder stehen am Wochenende vor uns auf. Wir richten ihnen am Abend zuvor ein besonderes Frühstück mit allerlei Leckereien her. Sie freuen sich schon sehr auf all die guten Dinge, die es an Wochentagen nicht gibt. Wir schlafen in aller Ruhe, bis sie uns irgendwann wecken kommen. Und dann können wir den Kaffee bis in unser Zimmer riechen, den sie mit viel Aufmerksamkeit für uns zubereitet haben. Meist ist auch der Tisch besonders schön gedeckt.

Das Positive zu sehen und zu betonen, hilft auch im Umgang mit widerspenstigen Pubertierenden. Weil aber die Jugendlichen nicht mehr den Vorstellungen der Eltern entsprechen, sind sie oft blind für die guten Eigenschaften ihrer Kinder.

Eine Mutter erzählt von ihrer pubertierenden Tochter:

Mir gefällt, wie ihre Fähigkeit, selbständig zu denken, wächst, ihr modisches Bewusstsein, wie sie lernt intelligent zu argumentieren und bereit ist, sich stundenlang die Probleme der Freundin anzuhören. Und wie sie sich Gedanken macht über die Zukunft der Welt.

Oft ist es doch so, dass man mit den eigenen Kindern unzufrieden ist und immer mehr von ihnen verlangt, weil man mit sich persönlich unzufrieden ist oder weil man sich selbst über die Kinder verwirklichen möchte. Und noch öfter ist es so, dass man erst im Nachhinein, wenn die Kinder ausgezogen sind, erkennt, wie wertvoll sie einem waren.

> **Das Elternsein wird durch die Verunsicherung der Eltern und ein schwaches, negativ besetztes Elternbild erschwert.**

> **Die Lebenswissenschaften sind eine viel zu ernste Sache, als dass man sie den Wissenschaftlern überlassen könnte.**
> *George Steiner*

10. Elternkiller – Familienkiller

Dieses Buch wurde in erster Linie geschrieben, um die positiven Seiten des Elternseins zu beleuchten. In diesem Kapitel geht es jedoch um die andere Seite der Medaille. Es geht um die Beschäftigung mit jenen Aspekten, die das Elternsein mehr behindern als fördern. Die folgenden Seiten setzen sich mit gesellschaftlichen Kräften auseinander, die Eltern gerne schwach sehen und ihnen das Leben erschweren.

Wenn Experten verunsichern

Es hat wahrscheinlich in der ganzen Geschichte der Menschheit keine Elterngeneration wie die gegenwärtige gegeben, die dermaßen kritisiert wird, verunsichert ist und sich so viele Gedanken um die eigenen Kinder macht, Ratgeber kauft und liest, Kurse besucht und sich weiterbildet. Von manchen Experten bekommen Eltern kontinuierlich die Botschaft zu hören, dass sie aus diesen oder jenen Gründen zu wenig kompetent seien. Darauf aufbauend werden die „schrecklichen" Konsequenzen aufgezeigt, die durch das elterliche Versagen für die weitere Entwicklung der Kinder entstehen. Was Eltern in die Unsicherheit treibt, ist das Paradox, dass sie einerseits als inkompetent hingestellt werden, andererseits aber in mancher Hinsicht größere Verantwortung für das Wohlergehen ihrer Kinder tragen als die Eltern früherer Generationen.

Der britische Soziologe Frank Furedi schreibt in seinem Buch „Warum Kinder mutige Eltern brauchen", dass es gegenwärtig die Tendenz gebe, jeden Aspekt des elterlichen Verhaltens in Frage zu stellen. Diese Haltung begegnet Eltern von Beginn an. Ob es um das Gebären selbst geht, ums Stillen, den Schnuller, das Einschlafen oder das Sauberwerden, zu allem bestehen unterschiedliche Meinungen und Haltungen. Diese sind oft Ausdruck unterschiedlicher, zumeist konkurrierender Ideologien und können sich zeitlich auch schnell abwechseln.

Als mein erstes Kind zur Welt kam, herrschte in der Geburtenabteilung die Haltung, jedem Säugling ab dem ersten Tag einen Schnuller ins Bettchen zu legen und die Mutter fest zu motivieren, diesen dem Neugeborenen schmackhaft zu machen. Vier Jahre später kam unser zweites Kind in derselben Abteilung zur Welt. Erstaunt stellten wir fest, dass bei Ärzten und Pflegepersonal eine sehr kritische bis ablehnende Einstellung zum Schnuller dominierte. Unter der Vielzahl der angeführten Nachteile wurde auch eine mögliche erhöhte Suchtgefährdung genannt.

Dabei sind die offenen Fragen im Kleinkindalter nur der Anfang. Über den gesamten Entwicklungszeitraum ihrer Kinder werden Eltern im Erziehungsprozess von sich widersprechenden Expertenmeinungen begleitet. Manche gegenwärtige Experten gehen so weit, dass sie Kindererziehung heute nicht länger als eine Tätigkeit betrachten, die Erwachsene spontan ausüben können, schreibt Frank Furedi. Einige Fachleute plädieren dafür,

> **Eltern sollen an ihre Fähigkeiten glauben können.**

einen Elternführerschein einzuführen. Es gibt sogar Stimmen, die behaupten, viele Menschen seien für die Elternrolle absolut ungeeignet. Es mag auch der Verdacht aufkommen, dass ein Absprechen der Elternkompetenzen nicht zuletzt mit einer Marktstrategie der „Erziehungsfachleute" zu tun hat. Sind erst einmal schwache Eltern im gesellschaftlichen Bewusstsein festgemacht, sind Elternkurse, Elternseminare und Elternberatung leichter zu verkaufen. Auch die Pädagogik braucht einen Markt, auf dem sie ihre Produkte verkaufen kann.

Mütter und Väter sollen daran glauben können, dass sie fähig sind, ihre Aufgaben gut zu erfüllen. Zweifellos ist man ursprünglich davon ausgegangen, dass die ganzen Ratschläge und Expertenmeinungen zu einer selbstbewussteren und besser informierten Generation neuer stolzer Eltern führen würde. Stattdessen hat es den Anschein, als wären Eltern heute unsicherer und weniger selbstbewusst, als es ihre eigenen Eltern je waren. Bald scheint vergessen zu sein, dass es auch eine natürlich menschliche Erziehungskompetenz gibt, wie etwa das sogenannte „intuitive Elternverhalten": Erwachsene und größere Kinder zeigen im Umgang mit Babys kulturübergreifend ein sehr charakteristisches Verhalten. Sie sprechen und gestikulieren langsamer, heben ihre Stimme, übertreiben ihre Mimik und vereinfachen, ritualisieren ihre Handlungen. Diese Verhaltensweisen treten als Reaktionen auf Äußerungen des Kindes so rasch ein, dass sie unmöglich bewusst geplant werden können. Das intuitive Elternverhalten ist aus der menschlichen Entwicklungsgeschichte entstanden. Jungen Eltern vermittelt diese Intuition Sicherheit. Sie können sich darauf verlassen, stimmig auf die Bedürfnisse und Verhaltensweisen ihrer Kleinkinder zu antworten. Auf diese ersten gelungenen Erfahrungen können für die nächsten Entwicklungsschritte weitere aufbauen.

Ziel einer gelungenen Elternarbeit ist es, Eltern bei der Suche nach neuen Wegen in der Erziehung zu unterstützen. Nicht sie in ihrem Versagen zu bestätigen, was ihnen, so der dänische Familientherapeut Jesper Juul, jedoch regelmäßig widerfahre, wenn sie in ihrer Hilf- und Ratlosigkeit Erziehungsexperten konsultieren.

In unserer Gesellschaft gibt es viele Beispiele von gelungenem Familienleben. Gelungen, weil die Menschen sich in ihrer Familie wohl fühlen, weil sie dort Selbstvertrauen und Selbstbewusstsein entwickeln, Gefühle leben können und einen Rahmen erfahren, an dem sie sich orientieren können. Nur kommen diese positiven Beispiele als Nachricht äußerst selten in die Schlagzeilen.

Medien konstruieren ein negatives Elternimage

Viele Nachrichten und Berichte in den Medien tragen zur Konstruktion eines überwiegend negativ besetzten Elternbildes bei. Verfolgt man die Berichterstattung in den Medien, kommt man recht bald zum Schluss, dass die öffentliche Meinung mit einer Vorstellung über Eltern beliefert wird, die diese allzu oft ins schlechte Licht rücken.

Eltern als Täter

Schreckensnachrichten über Eltern, die ihre Kinder demütigen, schlagen, wegsperren, sexuell missbrauchen, verhungern lassen, töten und verscharren dominieren den Medienalltag. Ohne lange suchen zu müssen, kann man innerhalb von ein paar Tagen Dutzende von solchen Meldungen in den verschiedenen Zeitungen sammeln. Auch Radio- und Fernsehsender folgen diesem Trend und berichten ausführlich über Eltern, die zu Tätern werden. Nachrichten und Berichte über Eltern, die in ihrer Rolle aufgehen, denen das Vater- oder Muttersein gelingt, die für ihre Kinder Außergewöhnliches leisten, sind selten.

Es fehlt nicht mehr viel und ich werde am Morgen im Beisein meiner Kinder keine Radionachrichten mehr einschalten. Die Meldungen über Väter, die ihre Kinder mit Messern erdolchen, über Mütter, die ihre Neugeborenen noch lebendig in der Mülltonne entsorgen, über Kinder, die in ihren Familien nicht mehr sicher sind,

kommen zumindest wöchentlich über das Radio bis in unser Wohnzimmer. Meine Kinder schauen mich jedes Mal mit fragenden Augen an und ich bin nicht länger bereit so zu tun, als hätte ich diese Nachricht nicht gehört.

Eine Minderheit von verantwortungslosen Menschen, die ihre Kinder vernachlässigen und deswegen in den Medien breiten Raum erhalten, scheint das öffentliche Bild der Eltern zu dominieren. Das tut weder dem Selbstwert der Eltern gut noch uns als Gemeinschaft, noch fördert es das Vertrauen der Kinder in die Erwachsenengeneration. Die Frage ist, aus welchen Gründen Medien so auf diese Schreckensnachrichten aufspringen. Zählt nur die Regel „Nur eine schlechte Nachricht ist eine gute Nachricht"? Geht es nur um Einschaltquoten und Verkaufszahlen? Oder ist die Wirklichkeit, die Medien entstehen lassen, nur Teil einer Strategie, die darum bemüht ist, die Bilder des Vaters und der Mutter in der öffentlichen Wahrnehmung zu schwächen? Wie unfähig müssen Eltern dargestellt werden, damit das Erziehungsgeschäft gänzlich ausgebildeten Fachleuten übergeben wird?

Sich auf nicht gelingende Elternschaft zu konzentrieren kann auch einen anderen Zweck erfüllen: Es lässt die „unfähigen Eltern" zu Sündenböcken werden und lenkt davon ab, dass für ein gelingendes Heranwachsen der nächsten Generation die Gesellschaft als Ganzes verantwortlich ist. Die Erziehung von Kindern wird gegenwärtig so sehr wie nie zuvor von Bedingungen außerhalb der Familie geprägt. Kinder werden heute in eine Welt geboren, die die Gestaltung vieler für sie wichtiger Lebenswelten, wie Schule, Freizeit und Medien, der entscheidenden Einflussnahme durch Eltern entzieht. Die Entwicklung der Kinder hängt damit ganz wesentlich davon ab, was die Gesellschaft an Lebens- und Gestaltungsbedingungen vorgibt. Gerald Hüther zeigt in seinem Buch „Bedienungsanleitung für ein menschliches Gehirn" weitere mögliche Gründe auf: „Um den Menschen am Nachdenken zu hindern, ist es ratsam, ihn so lange in fortwährender Hektik umherzutreiben, bis er außerstande ist, länger als fünf Minuten stillzusitzen, nichts zu sagen und nicht an das zu denken, was er als nächstes vorhat.

> **Damit Kinder gut heranwachsen, ist die Gesellschaft als Ganzes gefordert.**

Man kann sein Gehirn auch mit grellen und aufregenden Bildern, mit lauten und schrillen Geräuschen, mit aufdringlichen Gerüchen und mit pausenlosen Sensationsmeldungen so lange überreizen, bis seine Wahrnehmungsfähigkeit völlig abgestumpft ist. Und wenn man ihn mit immer neuen Katastrophenberichten, mit Darstellungen brutalster Gewalt und unmenschlichen Verbrechen in einen Zustand permanenter Aufgewühltheit versetzt, stirbt irgendwann auch das Gefühl."

Eltern als Opfer

Aber nicht nur die Eltern als Täter bekommen in der Berichterstattung großen Raum, auch Eltern als Opfer füllen die Schlagzeilen.

Das Verschwinden des britischen Mädchens Madeleine Beth McCann kann unter diesem Gesichtspunkt als Beispiel dafür dienen, wie eine Nachricht Eltern auf der ganzen Welt in Angst und Schrecken versetzen kann.

Gerry und Kate McCann, ein britisches Ärzte-Ehepaar, waren mit ihrer dreijährigen Tochter Madeleine und ihren zweijährigen Zwillingen Amelie und Sean im Urlaub in der portugiesischen Region Algarve. Seit dem Abend des 3. Mai 2007 ist Madeleine verschwunden. Gemäß der Darstellung ihrer Eltern schliefen die Kinder in ihren Betten, während die Eltern zusammen mit Freunden in einem nahe gelegenen Restaurant waren. Nach Aussage der Eltern hätten sie jede halbe Stunde nach den Kindern gesehen und gegen 22 Uhr das Verschwinden von Madeleine festgestellt und die Polizei informiert. Nach Angaben von Polizeisprechern begann die Suche bereits 15 Minuten nach der ersten Meldung. Am Tag nach dem Verschwinden des Kindes erschienen Fotos von Madeleine auf den Titelseiten vieler britischer Zeitungen. Der Fall wurde von internationalen Massenmedien aufgenommen. Die Berichterstattung ging von einer Entführung aus und spekulierte über die Motive. War die Medienkampagne in den ersten Tagen hauptsächlich durch einen Verwandten organisiert, schaltete sich schon kurz darauf die britische Regierung in den Fall ein. Unter der Annahme, Madeleine sei entführt worden, wurden mehr als fünf Millionen Euro Belohnung ausgesetzt. Eine derart hohe Belohnung in einem vermutlichen Entführungsfall war niemals zuvor versprochen worden. Entsprechend der außergewöhnlichen Medienpräsenz des Falles gingen bei den Behörden tausende Hinweise ein.

> **Augenscheinlich verhindern Ängste die Bildung von solidarischen Gemeinschaften, in denen jede und jeder sich ein bisschen für die aufwachsenden Kinder verantwortlich fühlt.**

Die Medienkampagne hatte aber noch eine andere Auswirkung. Durch ihre massive Präsenz und Verbreitung – Flugblätter mit dem Foto der vermissten Madeleine konnte man in ganz Europa sehen – wurde bei vielen Eltern die Angst geschürt, dass auch ihre Kinder Opfer einer Entführung werden könnten.

In letzter Zeit bin ich vorsichtiger und misstrauischer geworden. Die Befürchtung, fremde Personen könnten meinem Kind was antun oder es mitnehmen, ist gestiegen. In früheren Zeiten wurde die Angst vor Kinderdieben an eindeutigen Figuren, den „Zigeunern", festgemacht. Heute kommen dafür alle in Betracht. Auf dem Spielplatz lasse ich die Augen nicht von meinem Kind. Aber auch in der Kinderecke der Buchhandlung lasse ich mein Kind nicht alleine, auch nicht für kurze Zeit.

Gleichzeitig lässt sich bei vielen Menschen eine große Vorsicht feststellen, fremden Kindern im öffentlichen Raum zu begegnen. Denn bald reicht eine freundliche Geste oder eine einfache Frage, um als potentieller Entführer oder Kinderschänder verdächtigt zu werden. Ein Klima des Misstrauens breitet sich aus, das das Vertrauen aller Väter und Mütter in andere Erwachsene untergräbt. Schließlich fällt die Last zurück auf die zwei einzig verbleibenden Figuren: die leiblichen Eltern. Dies bringt auch die Konsequenz mit sich, dass mögliche hilfreiche Miterzieher im öffentlichen Raum immer seltener werden. Wenn ein Kind sich in der Öffentlichkeit unkorrekt verhält, reagieren anwesende „fremde" Erwachsenen kaum mehr darauf.

Die Macht der materiellen Werte

Ein weiterer „Elternkiller" ist eine zu sehr an materiellen Werten orientierte Einstellung zum Leben. Tatsächlich glauben heute viele Menschen der Industriegesellschaften, dass mehr Geld, mehr Konsumgüter, mehr Besitz und mehr Freizeit „wertvoller" seien als die mit den eigenen Kindern verbrachte Lebenszeit. Eine ganze Werbeindustrie macht uns glauben, das „ICH" erst bin, wenn ich habe, besitze und konsumiere. In der Tat kommt niemand mit seiner Persönlichkeit, als fertiges Ich, zur Welt. Nur wächst das eigene Ich weniger durch den Erwerb von Waren und den Konsum, sondern vor allem durch gemachte Erfahrungen und erlebte Begegnungen. Für manche aber hängt die Konstruktion von Identität mehr mit Dingen zusammen, mit Konsumgütern und Marken, die scheinbar Status und Zufriedenheit verschaffen. Das eigene Ich muss man sich, so diese Überzeugung, erst „erkaufen". Deshalb werden Arbeit und Leistung so wertvoll. Nicht nur, weil Arbeit sinnstiftend ist und Anerkennung verschafft, sondern weil das damit erworbene Geld in die Identitätsentwicklung investiert werden kann. Haben oder Sein, diese von Erich Fromm in seinem gleichnamigen Buch aus dem Jahr 1976 bearbeitete Grundfrage, ist immer noch sehr aktuell: „In der Existenzweise des Habens findet der Mensch sein Glück in der Überlegenheit gegenüber anderen, in seinem Machtbewusstsein (...). In der Existenzweise des Seins liegt es im Lieben, Teilen, Geben."
Insgeheim wissen alle, dass die Glitzerwelt des Konsums viel verspricht und wenig hält. Die (Werbe-)Bilder, die mit Konsumgütern verbunden werden, sind schön und verführerisch. Aber wenn man glaubt, dass man sie besitzt, weil man die Waren erworben hat, werden sie blass und verflüchtigen sich: Der teure Markenanzug lässt nur ein paar Tage das Selbstwertgefühl steigen, die schöne Frau aus der Werbung hat den gehobenen Mittelklassewagen verlassen, bevor man ihn vom Händler abgeholt hat und keine Zigarettenmarke der Welt lässt einem zum Abenteurer werden.
Auch Eltern tappen in eine Falle, wenn sie glauben, dass sie auftanken können, indem sie sich etwas Materielles gönnen. Auch das hält nicht lange und produziert, wenn überhaupt, nur ein kurzes Glücksgefühl. In der Tat hat jeder gekaufte Anteil des eigenen Ichs ein Manko. Er kann nur jene

Anteile befriedigen, die sich um das eigene Selbst drehen. Aber neben dem gesunden Egoismus, der vom Selbsterhaltungstrieb genährt wird, brauchen Menschen noch eine andere Quelle der Sinn-Erfahrung. Um uns ganz und lebendig zu spüren, um uns im Menschsein zu spüren, brauchen wir Achtung und Anerkennung für unser Sein und unser Tun. Dies können uns nur andere Menschen geben, die in Beziehung zu uns treten. Diese Art von tiefer Beziehung kann man nicht kaufen.

Eltern erhalten durch ihre Kinder einen zusätzlichen Spiegel, der ihren Umgang mit Konsumgütern aufzeigt. Wo stehe ich? Wie wichtig sind die Marken in unserer Familie? Wie positioniere ich mich bezüglich der Konsumwünsche meiner Kinder? Was tun mit den über Fernseh- und Radiowerbung entstandenen Bedürfnissen der Kinder? Welche Rolle wird den materiellen Dingen in der Familie gegeben?

Manche Eltern berichten, dass sie fehlende Zeit mit Materiellem und mit Geschenken ersetzen. Als Fazit quellen die Kinderzimmer vor Spielsachen über. Gleichzeitig bemerken Eltern, dass diese keinen Ersatz darstellen, weil die Befriedigung über das Geschenk nur kurze Zeit anhält.

Erst seit ich Kinder habe, wird mir verständlich, welchen Sinn Werbung während der Kinderprogramme macht. Permanent werden bei Kindern neue Wünsche und Bedürfnisse geschaffen, die dann prompt im Spielwarengeschäft eingelöst werden können und das Kinderzimmer weiter überquellen lassen. Allerdings mit Geld, das aus meiner Brieftasche stammt.

Elternsein kann nicht verkauft werden

Das Elternsein ist in einer Welt der Ökonomie eine Nullsumme. Das Elternsein lässt sich nicht verkaufen. Es ist keine Ware und ist nicht geeignet für die Vermarktung. Elternsein ist keine Marke, eher ist es oft negativ behaftet. „Ich bin eine Mutter", „Ich bin ein Vater" sind auch keine Label, mit denen man punkten kann.

Als ich die erste Zeit nach der Geburt meiner Kinder zu Hause war und mich Leute nach meinem Beruf fragten, schämte ich mich fast zu sagen, dass ich gerade als Hausfrau und Mutter arbeitete. Nur Hausfrau und Mutter? Es dauerte eine Weile und brauchte einige Gespräche mit anderen Vollzeitmüttern, dass es in meinem Selbstverständnis so weit war, meine Arbeit gleichwertig und gleich wichtig anzusehen wie die von Erwerbstätigen.

Wenn sich der Gedanke durchsetzt, dass nichts mehr etwas wert ist, was nicht mit Geld gekauft werden kann, wird Elternsein wertlos.

Unter diesem Aspekt kann auch die sehr kontrovers geführte Diskussion um die Kinderbetreuung in den ersten drei Lebensjahren gesehen werden. Mütter oder Väter, die ganztags bei ihren Kindern bleiben, sind ein Verlustgeschäft: Zum einen fehlen sie während der Kinderbetreuung bei ihrer Arbeit und senken so den „gesellschaftlichen Gesamtumsatz", zum anderen produzieren sie zu Hause nichts, was man verkaufen könnte. Anders hingegen, wenn durch eine Ökonomisierung der Betreuung professionell geführte Kinderkrippen und Tagesstätten errichtet werden: Eltern können dadurch weiter ihren Beruf ausüben, bleiben also dem Geldmarkt erhalten, während auch die Kinderversorgungseinrichtungen durch ihr bezahltes Personal den Gesamtumsatz einer Gesellschaft nach oben schrauben. Was den Eltern und den Kindern gut tut, was sie für sich bevorzugen, was sie wachsen lässt, was aus ihnen Personen macht, spielt in dieser Logik des Geldes, wenn überhaupt, eine Nebenrolle.

Miterzieher fordern Zeit

Ein weiteres wichtiges Phänomen behindert das Elternsein: die Zeitfresser. Familien müssen Zeit haben, um zusammen zu sein. Zusammen gelebter Alltag stärkt die Bindungen und das Gefühl des Verbundenseins. Auch Beziehungen brauchen Zeit. Alle Eltern scheinen das auch zu wissen, nur wird die gemeinsam verbrachte Zeit in vielen Familien immer knapper. Auch wenn es viele nicht gerne hören werden: Einer der größten Zeitfresser ist die Schule. In der Gestaltung der Schulpläne und freien Zeiten geht es in erster Linie um die schulinternen Interessen und nicht um die Interessen der Familien. So ist es nicht verwunderlich, dass die einzelnen Schulen ihren Schulbeginn morgens zu unterschiedlichen Zeiten festsetzen sowie die schulfreien Samstage und Nachmittage anders festlegen. Wenn dann in einer Familie Kinder unterschiedliche Schulen besuchen, ist die gemeinsame Zeit bereits gekürzt. Es kann kein gemeinsames Mittagessen mehr stattfinden, weil die Schulzeiten und die Arbeitszeiten der Eltern nicht aufeinander abgestimmt werden können. Weitere Zeitfresser kommen durch die Verplanung der Freizeit mit Kursen und außerschulischen Aktivitäten dazu.

Manchmal komme ich mir vor wie eine Taxifahrerin. Dabei habe ich nur zwei Kinder, die neben den Schulnachmittagen auch nur zwei Kurse besuchen. Manche andere Kinder kommen locker auf vier Kurse. Ab und zu frage ich mich, für wen das gut sein soll. Profitieren die Kinder tatsächlich? Werden sie dadurch in ihren Talenten gefördert? Oder geht es manchmal nur darum, wer mehr oder besondere Veranstaltungen besucht? Für unser Familienleben sind diese ganzen Veranstaltungen jedenfalls keine große Bereicherung.

Damit auch der Abend kein Ort des Zusammenseins und des Austausches wird, kommt als Feierabend-Akteur der Fernseher dazu.

Irgendwann bemerkten wir, dass unsere Familie außer den Eltern und den Kindern noch ein Mitglied dazuzählen musste: das Fernsehgerät. Am späteren Nachmittag gehörten die Kinder dem Fernsehen und seinen Kinderprogrammen. Alle Aufmerksamkeit galt den Bildern. Was außerhalb geschah, wer gerade heimkam oder fortging, wurde gar nicht bemerkt. Am Abend dann wurde der Ablauf unter das Diktat der Nachrichten gestellt. Bis 20 Uhr musste das Abendessen gegessen und die Kinder im Bett sein, denn sonst verpasste man die Nachrichten.

> **Speed kills: die Erfahrung, dass uns zu hohe Geschwindigkeit umbringt, gilt nicht nur für den Straßenverkehr.**

Nicht ohne Diskussion wurde dann eines Tages der Fernseher in den Keller gestellt. Seitdem war uns noch nie lange langweilig und die gemeinsam verbrachte Zeit, ob beim Spielen, beim gemeinsamen Kochen und Tischdecken oder beim Geschichten-erzählen nach dem Essen, ist merklich gestiegen.

Zur Ruhe kommen, in Ruhe lassen. Freie, leere Zeiten dürfen, so scheint es, nicht mehr vorkommen. Tatsächlich ist die Geschwindigkeit, die wir zurzeit in unserem Alltagsleben fahren, ein Problem. Trotzdem scheint es, dass die Beschleunigung noch nicht zu Ende ist.

Der aus Afrika stammende Bischof der altkatholischen Kirche Österreichs John Okoro erzählte im Rahmen eines Vortrages einmal folgende wahre Geschichte: „Als junger Mann lebte und studierte ich schon einige Jahre in Deutschland, als mich mein Vater, der in Nigeria lebt, das erste Mal besuchen kam. Als ich ihn am Flughafen von Frankfurt abholte, war er verwundert und fragte mich, aus welchen Grund alle Leute hier laufen würden? Ob etwas passiert sei? Darauf entgegnete ich: Nein Vater, es ist nicht Besonderes geschehen. Hier musst du laufen, alle Menschen laufen hier. Hier musst du immer laufen!"

11. Die Weisheit, Kinder zu leiten

Kinder brauchen den Schutz und die Liebe ihrer Eltern. Glücklicherweise lassen sich heute immer mehr Eltern auf ihre Kinder ein und versuchen ihnen einfühlsam zu begegnen. Sie wissen, dass eine tiefe Verbindung des Kindes zu einem fürsorglichen Erwachsenen die Grundlage für eine positive Entwicklung ist. Doch Liebe und Fürsorge sind nur die eine Seite, Kinder brauchen auch Menschen, die ihnen Halt und Orientierung geben, die sie führen und leiten. Durch elterliche Führung lernen Kinder, die ihnen angeborene Ich-Bezogenheit zu überwinden.

Kleine Kinder wollen alles gleich und sofort, sie wollen nur das tun, wozu sie Lust und Laune haben. In seinem Buch „Was Familien trägt" schreibt der dänische Familientherapeut Jesper Juul: „Wenn Eltern die momentane Lust ihrer Kinder zum Maßstab nehmen, bekommen diese nicht, was sie eigentlich brauchen. Und eines der zentralen Bedürfnisse, auf das sie verzichten müssen, ist die Führung ihrer Eltern. Zum anderen suggeriert man ihnen die irrige Vorstellung, ein gutes Leben sei ein Leben, in dem man immer sofort bekommt, was man haben will. Soweit wir wissen, ist ein gutes Leben ein Leben, in dem wir sinnvolle Beziehungen eingehen, wertvoll für die Gemeinschaft und relativ frei sind, unsere Träume und Ziele zu verwirklichen. Das setzt aber voraus, dass wir oft Dinge tun müssen, zu denen wir nur wenig Lust haben."

Erziehung ist eine
Gratwanderung
zwischen
fürsorglicher Liebe
und Disziplin.

> **Viele Kinder wachsen heute in geordneten Familienverhältnissen auf, bekommen Liebe und Zuwendung, erleben aber nie die schützende Wirkung von klarer Führung und konsequentem Handeln.**

> **Kinder sind nicht kleine Erwachsene.**

Über die Notwendigkeit einer inneren Ordnung

Eltern haben die besondere Chance, ihre Kinder zu verantwortungsvollen und integren Menschen zu erziehen. Dazu müssen sie aber bereit sein, in der Beziehung zum Kind die Führungsrolle zu übernehmen. Beobachtet man heute Familiensysteme, kann man sich nicht des Eindrucks erwehren, die innere Ordnung sei auf den Kopf gestellt. Immer mehr Erwachsene vernachlässigen ihre Führungsrolle und sind in ihrer Leitungsfunktion verunsichert. Die Kinder geben den Ton an und setzen ihre Wünsche und Forderungen mit Nachdruck durch. Wenn Kinder etwas erreichen wollen, setzen sie unterschiedlichste Strategien wie etwa Schmeicheln, Jammern oder Anklagen ein. Dabei haben sie ein klares Ziel vor Augen: Die Eltern sollen das tun, was sie wollen. Nicht selten erreichen dies die Kinder auch. Dadurch kommt bei den Eltern Frustration auf, da sie merken, dass sie ihrer Aufgabe nicht gerecht werden.

Zudem fehlt es heute oft an einer klaren Grenzziehung zwischen der Erwachsenen- und der Kinderwelt. Vergangene Generationen handhaben diese Abgrenzung sehr viel eindeutiger. Dies zeigte sich zum Beispiel in der Tatsache, dass die Heranwachsenden in bestimmte Gespräche nicht einbezogen wurden. Die meisten wichtigen Entscheidungen wurden von den

Eltern getroffen und die Kinder hatten das Ergebnis zu akzeptieren. Heute sitzen die Kinder in fast jeder Situation neben den Erwachsenen und hören auch Gespräche über tiefgehende Probleme, wie etwa Partnerschaftskonflikte oder finanzielle Sorgen, mit. Sogar wenn es offensichtlich ist, dass das Kind die Zusammenhänge noch nicht begreifen kann, wird lang und breit erklärt, um anschließend stolz darauf hinzuweisen, „wie vernünftig das Kind bereits sei." Viele solcher Gespräche überfordern aber die Kinder. Erwachsene, die unfähig sind, selbständig mit eigenen Belastungen umzugehen und Verantwortung zu übernehmen, setzen ihre Kinder unnötigem Stress aus.

Eine kindgerechte Entwicklung wird erst dann möglich, wenn Eltern sich „selbst in Abgrenzung zum Kind als prägend begreifen und dem Kind die Möglichkeit geben, Kind zu sein, also in der untergeordneten Rolle zu lernen, und in der Adoleszenzphase langsam ans Erwachsenwerden herangeführt zu werden. Bis dahin müssen sie geführt, gespiegelt und geschützt werden", schreibt Michael Winterhoff in seinem Buch „Warum unsere Kinder Tyrannen werden". „Dieser Schutzgedanke ist sehr wichtig. Wenn es uns gelingen sollte, wieder zu begreifen, dass ein führender, strukturierender Umgang mit Kindern keine mangelnde Achtung vor ihrer „Persönlichkeit" darstellt, sondern im Gegenteil gerade dazu dient, ihnen im geschützten kindlichen Raum die Möglichkeit zu geben, diese Persönlichkeit überhaupt erst nach und nach zu entwickeln, sind wir schon ein ganzes Stück weiter als heute."

Wie Führung gelingen kann

Es gibt Familien, in denen sich Kinder wie kleine Tyrannen benehmen, rebellisch und aggressiv sind und ihre Eltern an der Nase herumführen. Und es gibt Familien, in denen die Kinder freundlich, hilfsbereit und verantwortungsvoll sind. Was macht den Unterschied?

Vergangene Elterngenerationen orientierten sich an klaren Regeln in der Erziehung. Disziplin, Ordnung, Gehorsam, Fleiß und gutes Benehmen waren unter anderem allgemein akzeptierte Erziehungsziele. Wie aber soll man Kinder erziehen, wenn in der Gesellschaft diese verbindlichen Werte und Normen fehlen?

In einer Zeit, in der es keine bindenden Wahrheiten mehr gibt, beginnen die Eltern zu überlegen, was ihnen selbst gut getan hat, welche Erziehungsmaßnahmen ihrer eigenen Eltern sie unterstützt und beschützt, welche sie verletzt haben. Gleichzeitig werden althergebrachte Vorschriften und Erziehungsmodelle hinterfragt. Wenn Eltern sich Gedanken darüber machen, wie ein ganz persönlicher und authentischer Weg in der Erziehung aussehen kann, wenn persönliche Werte und Grundsätze im Vordergrund stehen, dann hat man eine gute Chance, für die Kinder zu einem glaubwürdigen Orientierungspunkt zu werden.

Es gibt einige Haltungen und Eigenschaften von Eltern, die Voraussetzung für eine gelungene Führung sind. Diese werden nachfolgend vorgestellt.

Wer Kinder leiten will, muss Interesse am Kind haben

Damit Eltern ihre Kinder leiten können, braucht es als Basis eine gute Beziehung und ein aufrichtiges Interesse an der Persönlichkeit des Kindes. Dies bedeutet, dessen individuelle Bedürfnisse, Meinungen, Träume und Ziele wahrzunehmen und zu achten. Die Liebe zum Kind ist demzufolge die Grundlage des elterlichen Handelns. Diese Liebe legitimiert auch den Verzicht, den Gehorsam und den Einsatz, den man fordert. Gerade weil die Eltern ihr Kind lieben, verlangen sie, dass es auch Anstrengungen und Mühen auf sich nimmt. Sie lehren es, schrittweise Verantwortung für immer mehr soziale und familiäre Lebensbereiche zu übernehmen.

Dass Kinder im Kindergartenalter lernen, ihre Spielsachen alleine aufzuräumen, dass Schulkinder die Hausaufgaben ohne Unterstützung der Eltern erledigen oder im Haushalt behilflich sind, dass Jugendliche in der Vorpubertät kleinere Arbeiten übernehmen oder selbständig die öffentlichen Verkehrsmittel benutzen, ist heute längst keine Selbstverständlichkeit mehr. Dabei freuen sich besonders die Kleinen, wenn sie eigenständig etwas erledigen dürfen. Das Erkennen, dass auch ein bestimmtes Maß an Disziplin und Ausdauer nötig ist, um die Aufgaben zu bewältigen, gehört zum Lernprozess dazu. Manchmal braucht es dabei Erwachsene, die dem Kind mit Bestimmtheit zeigen, wo es lang geht. So trägt die klare Anweisung „Tu das jetzt, es ist zu tun" dazu bei, dass die Kinder mit einer bestimmten Selbstverständlichkeit lernen, auch unliebsame Dinge zu erledigen.

5

Die Liebe kommt dann zum Ausdruck, wenn Eltern es ihren Kindern ermöglichen, an ihren Aufgaben zu wachsen.

Es kommt immer wieder vor, dass mein Kind die Hausaufgabe nicht machen will. Es fängt an zu jammern, fällt dann in sich zusammen und stöhnt, dass es jetzt keine Lust habe, dass es die Aufgabe später erledigen werde. Ich habe gemerkt, dass es am besten ist, wenn ich bestimmt bleibe und sage: „Zur Schule zu gehen gehört eben zu deinen Aufgaben. Du machst jetzt diese zwei Sachen und dann kannst du es lassen." Wenn die Aufgabe überschaubar ist, gibt es dann meist keine Probleme mehr. Wenn ich mich hingegen auf die Jammerei einlasse, dann endet es meist in Ärgernis und Endlosdiskussionen über die „blöde" Schule.

Eltern, die ihren Kindern etwas zutrauen, erziehen zur Selbständigkeit und bereiten ihre Sprösslinge auf das Leben vor. Wenn Eltern dann auch die Leistungen der Kinder anerkennen und ihnen Mut machen, stärken sie deren Selbstwert. Sätze wie „Das hast du gut gemacht" oder „Ich freu mich, dass du das jetzt selbst machen kannst" tun den Kindern gut. Eltern sollen Anerkennung und Ermutigung schenken, sie haben aber auch die Aufgabe, ihren Kindern einen Spiegel vorzuhalten und Kritik zu üben. So können die Kinder leichter erkennen, wenn sie die Richtung ändern müssen. Kritik soll aber stets einhergehen mit einem Angebot an Hilfe und Unterstützung, wenn es die Kinder im ersten Moment noch nicht allein schaffen.

Kinder machen nicht mutwillig die Dinge falsch, oft wissen sie einfach nicht, wie sie es besser machen können. Eltern können ihren Kindern zeigen, wie es richtig gemacht wird.

Wenn unser Zweieinhalbjähriger mit dem Essen herumpantscht, dann zeige ich ihm, wie man „schön" isst. Manchmal probiert er das mit viel Freude aus. Andere Male will er aber nur mit dem Essen spielen und herumblödeln. Da ist es dann besser, den Teller ohne lange Worte einfach für zwei Minuten beiseite zu stellen. Augenscheinlich muss er die richtige Verhaltensweise erst langsam erlernen.

Wer Kinder leiten will, braucht persönliche Werte

Leiten meint nicht einfach befehlen, sondern Grundwerte pflegen. In alltäglichen Handlungen, aber auch bei Konflikten und Auseinandersetzungen vermitteln Eltern mit großer Selbstverständlichkeit persönliche Ansichten und Überzeugungen. Kinder und Jugendliche wollen wissen, was die Eltern denken und wofür sie einstehen. Junge Menschen orientieren sich an Erwachsenen, die ihren Werten treu bleiben und nicht ständig die Meinung wechseln. Dies gibt ihnen ein Gefühl der Sicherheit, daran können sie sich

An gut gemeinter und konstruktiver Kritik wächst man.

Wenn Eltern die Werte und Regeln des Zusammenlebens vorleben, dann orientieren sich die Kinder daran.

Damit Kinder beziehungsfähige Erwachsene werden können, müssen sie Achtung und Rücksicht entwickeln.

reiben und entwickeln. Zwar haben Eltern speziell in der Pubertät häufig den Eindruck, dass all ihre Bemühungen umsonst waren, doch wie sehr die elterlichen Vorstellungen und Werte die Kinder prägen, zeigt sich oft erst dann, wenn sie erwachsen sind.

So sind beispielsweise ein respektvoller Umgang und gegenseitige Achtung für viele Eltern tragende Elemente von Beziehungen. Was passiert, wenn Eltern diese Aspekte im Zusammenleben vernachlässigen, kann man an der Herzensbildung mancher Kinder beobachten. Wenn Schimpfworte über Eltern und Lehrpersonen, Beleidigungen sowie abfällige und abwertende Bezeichnungen die Beziehungen kennzeichnen, fehlt es an einem

achtsamen Umgang miteinander. Wenn Kinder sich weder bedanken noch grüßen, sondern frech und rücksichtslos mit anderen sind, dann haben sie meist nicht erleben können, wie angenehm ein liebevoller und respektvoller Umgang sind. Rücksicht und gegenseitige Achtung charakterisieren gute Beziehungen und dafür tragen auch Kinder Verantwortung.

Als ich klein war, war es selbstverständlich, dass wir Kinder unsere Eltern in einem Gespräch nicht unterbrechen durften. Heute beobachte ich das Gegenteil davon. Kinder unterbrechen und stören so lange die Kommunikation der Erwachsenen, bis sie Aufmerksamkeit erhalten. Meist ist es so, dass ein tief gehendes Gespräch in der Anwesenheit von kleinen Kindern fast unmöglich geworden ist, weil diese ständig präsent sind und immer im Mittelpunkt stehen. Dabei wäre ein klares „Warte, bis ich fertig gesprochen habe" einerseits gut für die Eltern, andererseits auch für die Kinder.

Wer Kinder leiten will, benötigt persönliche Autorität

Kinder suchen verlässliche Beziehungen zu Menschen mit Persönlichkeit, zu Menschen, die – wenn auch nicht in allen Bereichen, so doch grundsätzlich – mit sich selbst im Reinen sind. Kinder und Jugendliche suchen nach einem „Vater", der Regeln verkörpert und sie mit Gefühlen verwaltet. Sie wollen eine Persönlichkeit hinter den Worten und Handlungen spüren.

Ein 15-Jähriger erzählt:

Mein Opa, ja der war in Ordnung. Der sagte mir seine Meinung, der hatte Rückgrat. Auch wenn ich nicht immer mit seinen Vorstellungen und Ideen einverstanden war, so konnte ich mich doch daran orientieren.

Kinder wollen einen Steuermann, der sie mit Leidenschaft leitet.

„Das Bedürfnis des Kindes nach einer Autorität gilt für die ersten achtzehn bis zwanzig Jahre. Es geht dabei nicht allein um das Bedürfnis des Säuglings nach Sicherheit. Auch ältere Kinder brauchen Orientierung und Vorbilder, an denen sie sich messen können", schreibt Jesper Juul. Eltern sind meistens am besten dafür geeignet, diese Funktion zu erfüllen. Wenn in der Familie Vorbilder fehlen, dann suchen Kinder und Jugendliche nach anderen Persönlichkeiten und Strukturen, an denen sie sich orientieren können. So kann man beobachten, dass Schüler gerade jene „strengen" Lehrpersonen lieben, die sie mit Klarheit führen und anleiten, die sie aber gleichzeitig auch wertschätzen. Autorität ist also rechtmäßig genutzte Macht, die dazu eingesetzt wird, die Kinder mit Wohlwollen zu leiten. Steht die Liebe zum Kind jedoch im Hintergrund, so wird die Persönlichkeit der Kinder missachtet und die Autorität ein Mittel zur Unterdrückung.

Jugendliche erkennen Autorität aber nur dann an, wenn sie authentisch gelebt ist. Wer von Jugendlichen Gehorsam und Respekt fordert, muss sie durch seine Persönlichkeit und moralische Integrität überzeugen. Menschen mit persönlicher Autorität können verantwortungsvoll führen und leiten, aber sie können sich auch entschuldigen und eigene Fehler eingestehen, wenn etwas mal nicht so richtig gelaufen ist.

Authentische Gefühle sind ein wichtiger Baustein der elterlichen Autorität. Wenn Kinder merken, dass das, was die Eltern sagen, von Herzen kommt, sind sie viel eher bereit, es aufzunehmen. Gerade in der Familie ist ein authentisches Ausleben der eigenen Emotionen möglich. Dort kann auch in Konfliktsituationen den Gefühlen freien Lauf gelassen werden. Wütend mit der Hand auf den Tisch hauen oder ärgerlich reagieren ist menschlich und für Kinder verständlich, wenn es der Situation angemessen erfolgt. Und wenn es einmal ausgesprochen ist, dann ist es oft auch leichter, wieder neu anzufangen.

Mein 17-jähriger Sohn spielte stundenlang am Computer. Ich hatte bereits mehrmals klare Zeiten mit ihm festgelegt. Es gab die Regel, dass nach Mitternacht nicht mehr gespielt werden darf. Als er eines Abends spät nach Hause kam und sich trotz Vereinbarung einfach vor den Computer hockte, da riss mir endgültig der Geduldsfaden. Im Zorn riss ich sämtliche Kabel aus der Steckdose und vom Computer. Mein Sohn sah mich verdutzt an und sagte gar nichts. Nach einigen Tagen erzählte er die Episode einer guten Bekannten. Als diese ihn fragte, wie er denn darauf reagiert habe, sagte er ganz einfach: "Ich hab gar nichts gemacht, denn es war o.k. Das war richtig echt!"

Wer Kinder leiten will, muss bereit sein, Entscheidungen zu treffen

Eltern gewinnen an Autorität durch den Mut zu klaren Entscheidungen. Entscheiden ist nicht immer leicht. Bei der Entscheidungsfindung ist es hilfreich, sich die Sicht der Kinder und Jugendlichen anzuhören. Am Ende sind es aber dann doch die Eltern, welche, unter Berücksichtigung der Ergebnisse des Dialogs und ihrer eigenen Lebenserfahrungen, entscheiden müssen. Wenn Eltern in der Entscheidung ihren Wertvorstellungen folgen, werden sich die Kinder bei ihnen sicher fühlen.

„Wer pädagogisch tätig ist, muss sich darauf einlassen, immer wieder Entscheidungen zu treffen, die er verantworten, die er aber nicht als die einzig richtigen begründen kann. Eltern, Erzieher und Lehrer müssen mit Zweifeln leben können, ob eine Entscheidung richtig ist; sie müssen aber zu ihrer Entscheidung stehen", schreibt der ehemalige Internatsleiter Bernhard Bueb in seinem viel diskutierten und umstrittenen Buch „Lob der Disziplin".

Zweifel sind zwar grundsätzlich Anregungen zum Nachdenken, aber der andauernde Zweifel als Lebensphilosophie verunsichert die Kinder. Eltern lernen im Lauf der Zeit immer besser über ihre eigenen Zweifel hinauszuwachsen. Persönlichkeitsprägend wirkt auch die Tatsache, dass Eltern sich nicht immer an allem vorbeidrücken können. Dadurch, dass sie ständig

Kinder bitten um ein klares **Nein.**

Machtlose und
mutlose Eltern sind
keine Stütze.

Eltern, die keine Grenzen
setzen, machen sich
selbst handlungsunfähig.

entscheiden müssen, entwickeln sich viele zu gefestigten Charakteren. Sie erreichen eine persönliche Autorität, die ihnen auch im Alltags- und Berufsleben zugute kommt.

Wenn Eltern klare und konsequente Entscheidungen treffen oder Grenzen setzen, erwarten sie manchmal auch Konflikte. Diese Konflikte auszutragen und durchzustehen gehört zum Erziehungsprozess dazu. Standhaft zu bleiben bedeutet, sich nicht vor den mit den Konflikten verbundenen Wutausbrüchen, Drohungen und Schimpftiraden der Kinder und Jugendlichen zu fürchten.

Eltern erleben immer wieder, dass es leichter ist, Ja statt Nein zu sagen. Die Angst, die Zuneigung der Kinder zu verlieren, und der Drang, sich bei ihnen beliebt zu machen, sind bei Eltern oft unbewusste Barrieren, die ein klares „Nein" verhindern oder die sie dazu bringen, wichtige Entscheidungen zu vertagen oder an das Kind selbst zu delegieren. Kinder haben aber ein Recht auf erwachsene Menschen, die ihnen Wegweiser sind und die bereit sind, Regeln und Grenzen zur Orientierung zu setzen. Wenn in der Familie

zu wichtigen Themen klare Regeln gelten, die aufzeigen, innerhalb welcher Grenzen man sich bewegen kann und was im Falle einer Regelverletzung folgt, dann können sich Kinder und Jugendliche daran reiben und wachsen. Eine 14-Jährige erzählt:

Nachdem ich bereits mehrmals Schule geschwänzt hatte, hatten meine Eltern endgültig die Schnauze voll. Sie verlangten eine Aussprache und eröffneten mir mit ruhiger Stimme: Wenn du noch einmal fehlst, erhältst du eine Woche Ausgehverbot. Und dazu gab es keine Diskussion mehr. Bereits in derselben Woche wollte eine Freundin gemeinsam mit mir Schule schwänzen. Nachdem ich ihr gesagt hatte, welche Strafe auf mich warten würde, sagte sie, dass sie das von meinen Eltern cool fände. Und wir gingen einfach zur Schule.

Wer Kinder leiten will, braucht den Mut, Macht auszuüben

Orientierung zu geben, heißt nicht willkürlich Macht und Unterdrückung auszuüben oder den Willen der Kinder zu brechen.

Machtkämpfe sind in allen Familien an der Tagesordnung. Schon kleine Kinder stellen die Führungsrolle der Erwachsenen in Frage, im Trotzalter verschärft sich die Lage meist zusätzlich. Durch Stampfen und Schreien, Sich-Hinwerfen und Schmollen wollen Kinder ihren Willen durchsetzen und Freiräume experimentieren. Konsequentes und bestimmtes Handeln ist hier besonders wichtig. Je öfter das Kind in Machtkämpfen siegt, desto häufiger greift es gerade auf jene Handlungsweisen zurück, die die Eltern verunsichern. Wer kennt sie nicht, die Situation an der Kassa des Supermarkts, die Konflikte beim Essen im Restaurant oder im öffentlichen Verkehrsmittel, in denen es eine gehörige Portion an Mut braucht, um das im Auge zu behalten, was man selbst für richtig hält. Nachgeben wäre zwar einfacher, es bedeutet aber jedes Mal auch einen Verlust an elterlicher Autorität.

Vor einigen Monaten war ich mit meinem Zweijährigen auf dem Spielplatz. Gegen Mittag musste ich nach Hause. Als Lukas bemerkte, dass ich zum Bus wollte, begann er zu toben. Er legte sich auf den Boden und schrie: „Ich will noch spielen". Ich versuchte, ihn in die Arme zu nehmen, doch es half nichts. Ich versuchte ihn abzulenken, kein Erfolg. Bisher hatte diese Taktik immer wunderbar funktioniert. Da entschloss ich mich, das tobende Kind einfach aufzuheben und mitzunehmen. Die Passanten schauten mich teilweise erstaunt, teilweise vorwurfsvoll an und ich dachte bei mir: Da musst du durch! Irgendwann im Bus hat sich Lukas dann beruhigt und die Lage akzeptiert, ähnliche Episoden in öffentlichen Verkehrsmitteln hat es nie mehr gegeben.

Nach Beendigung des Trotzalters wird es in den meisten Familien ruhiger. In der Pubertät spitzen sich jedoch die Machtkämpfe erneut zu. Die Sichtweisen und Lebenseinstellungen von Eltern und Jugendlichen klaffen dann meist stark auseinander. Es ist jedoch gerade der Widerstand gegen die Autorität der Eltern, der in die Selbständigkeit führt. Eltern, die sich um das Wohl ihrer Kinder kümmern, eine klare Haltung und verbindliche Regeln haben, sind eine größere Hilfe als Eltern, die die Dinge einfach laufen lassen und resignieren. An Grenzen findet eine wichtige Auseinandersetzung statt. Die Aussage „Mach, was du willst" bedeutet hingegen für die

Jugendlichen eine grenzenlose Freiheit, mit der sie meist noch nicht umgehen können. Ein unmissverständliches „Nein" oder „Ich will nicht, dass
du das machst" schützt das Kind. Wenn Jugendliche zu vieles selbst entscheiden müssen, sind sie schnell überfordert. Manche Jugendliche stehen
speziell den Forderungen von Gleichaltrigen hilflos gegenüber. In diesen
Momenten benötigen sie dieselbe Führung und denselben Schutz wie ein
kleines Kind, das von den Eltern an die Hand genommen und begleitet wird,
damit es heil über die Straße kommt.

*Ich hatte meinem 15-jährigen Sohn eine genaue zeitliche Grenze für den Ausgang
am Abend gesetzt. Grund dafür war auch die Tatsache, dass ich sonst selbst nicht
schlafen konnte. Als ich dann vor ein paar Wochen die Regelung lockern wollte,
sagte er ganz offen zu mir: „Das ist aber schade. Jetzt habe ich keine Ausrede
mehr vor meinen Freunden und muss alles mitmachen, was an Dummheiten zu
später Stunde noch so anfällt."*

Wie Eltern selbst aufgewachsen sind und wie sie erzogen wurden, hat eine
wesentliche Auswirkung auf die Art und Weise, wie sie ihren Kindern
Grenzen setzen. Wichtig sind dabei folgende Fragen:

Welche Grenzen sind mir unbedingt wichtig?

Wie reagiere ich auf Übertretungen?

Wo wird es für mich schwierig?

Wie gehe ich mit meinen eigenen Grenzen um?

ICH

♣

Der persönliche Gewinn

Eltern haben die besondere Chance, ihren Kindern ein Vorbild und eine Leitfigur zu sein. Indem sie ihre Führungsrolle wahrnehmen, fördern sie aber nicht nur die Entwicklung ihrer Kinder, sondern auch ihrer selbst. Weil Eltern gegenüber ihren Kindern einen Wissens- und Erfahrungsvorsprung haben, den sie weitergeben können, müssen sie immer wieder Entscheidungen treffen – genau das lässt auch sie persönlich wachsen. Eltern können dabei auf die gelebten Erfahrungen in ihrer Herkunftsfamilie zurückgreifen und mit den eigenen Wertvorstellungen erweitern. Persönliche Haltungen zu finden und klar zu vertreten, bedeutet für die Eltern auch, zu einer inneren Geradlinigkeit zu gelangen.

Wenn ich heute darüber nachdenke, wie meine Eltern ihre Führungsaufgabe übernommen haben, dann wird mir bewusst, dass da einiges dabei war, was sich für mich als sehr nützlich erwiesen hat. Meine Eltern hatten klare Vorstellungen davon, was im Leben wichtig ist, und sie erzogen mich danach. Selbständigkeit, Respekt und Pflichtbewusstsein, aber auch Hilfsbereitschaft und Zusammenarbeit wurden von mir bereits als kleines Kind gefordert. Ich lernte viele Dinge alleine zu bewältigen. Im konfliktreichen Jugendalter ärgerte ich mich oft über die Strenge meiner Eltern. Ihre meist kompromisslose Klarheit sehe ich heute jedoch als Schutz, den ich damals weder erkannte noch akzeptierte. Meine Eltern ließen mir aber auch den nötigen Freiraum, meine eigenen Wege zu gehen, dafür bin ich ihnen sehr dankbar. Heute gebe ich so manche dieser Erfahrungen aus meinem Elternhaus an meine Kinder weiter und wünsche mir, dass auch sie sich daran orientieren können.

> **Vorleben ist wichtiger als das gesprochene Wort. Kinder lernen durch Nachahmung.**

12. Was wertvoll ist

Jeder Mensch strebt nach Lebensglück. Welche Ziele er damit verbindet, hängt immer auch davon ab, was für den jeweiligen Menschen wertvoll ist, was seinem Leben Sinn gibt. Eltern stellen sich die Frage, welche Werte sie selber leben und an ihre Kinder weitergeben möchten. Werte vermittelt man „am Beispiel", an dem, was man als Eltern vorlebt.

Unser Vorbild hat einen grossen Einfluss auf unsere Kinder. Ich muss wissen, was für mich wichtig ist, nach welchen Werten ich mein Leben gestalte und was ich von unseren Kindern erwarte. Ich muss für mich klären, welche Regeln verbindlich und welche überholt sind, welche notwendig sind für ein gutes Zusammenleben.

„Wir alle sind fortwährend in der ‚Schule des Lebens'", sagt die Pädagogin Susanne Stöcklin-Meier. „Jeder wird täglich in seinen Wertvorstellungen geformt vom gesellschaftlichen Umfeld, den geltenden Regeln und Gesetzen seines Landes, den religiösen und ethischen Haltungen seiner Familie und der Öffentlichkeit. Vorgelebte Situationen wirken nachhaltiger auf Kinder und ihr Werteverständnis als wohlgemeinte ‚Predigten'! Kinder brauchen sinnvolle Regeln, gute Autorität, Rituale, vernünftige Grenzen und gelebte Achtsamkeit, im Zusammenhang mit leblosen Dingen genauso wie mit Menschen, Pflanzen und Tieren."

Die Frage nach dem Wertvollen in der Beziehung zwischen Eltern und Kindern ist sehr komplex und ist für jede Familie individuell zu beantworten. Die folgenden Geschichten und Anekdoten sollen einladen, über eigene Werte nachzudenken und sich behutsam dem zu nähern, was man im familiären Zusammensein für wertvoll erachtet.

Gemeinschaft pflegen – eigenständig sein können

Vor langer Zeit lebten in dem Ort Swabeedo kleine Leute, Swabeedoler genannt. Sie waren sehr glücklich und wenn sie sich begrüßten, überreichten sie sich gegenseitig kleine, warme, weiche Pelzchen, von denen jeder immer genug hatte. Ein warmes Pelzchen zu verschenken, bedeutete für sie: Ich mag dich. Außerhalb des Dorfes lebte ein einsamer Kobold in einer Höhle. Dieser war auf die Swabeedoler und ihre Art zu leben neidisch. Er überredete sie, sich keine Pelzchen mehr zu schenken, denn sie könnten ja bald keine mehr haben. So kam es, dass Pelzchen nur noch selten verschenkt wurden. Die kleinen Leute von Swabeedo veränderten sich. Sie lächelten nicht mehr, begrüßten sich kaum noch und von der Freude und Freundschaft war nichts mehr zu spüren. Erst nach langer Zeit begannen einige kleine Leute wieder wie früher kleine warme, weiche Pelzchen zu schenken. Sie merkten bald, dass ihre Pelzchen nicht weniger wurden und dass sich Beschenkte und Schenkende darüber freuten. In ihren Herzen wurde es wieder warm, und sie konnten wieder lächeln, auch wenn Traurigkeit und Misstrauen nie mehr ganz aus ihren Herzen verschwanden.

Dieses Märchen aus Irland zeigt auf, dass viele der lebens- und liebesfördernden Kräfte in einer Gemeinschaft erfahren und gelebt werden. Die Familie ist eine solche tragende Gemeinschaft, in der Normen und Werte erlebt und erkannt werden. In der Familie lernt man, dass es im gemeinschaftlichen Spiel Regeln braucht, die eingehalten werden müssen. Wer sich nicht an die Regeln hält, zerstört das Spiel und gefährdet das Miteinander. Regeln geben Orientierung, Halt und Sicherheit. Erwachsene haben die Verantwortung, Kinder in die Gemeinschaft mit einzubeziehen und mit ihnen die geltenden Verhaltensweisen einzuüben. So gesehen bietet die Familie die erste und tiefste Gemeinschaftserfahrung. Diese wird gefördert von einer Grundhaltung des gegenseitigen Respekts, der Achtung und der Wertschätzung zwischen Alt und Jung.

Wenn ein Mensch Gemeinschaft erfährt, lernt er Mitgefühl zu empfinden, konfliktfähiger zu werden, konstruktive Lösungen zu suchen, Vorurteile abzubauen. Solche Menschen tun sich leichter, Werte wie Solidarität, Toleranz und Rücksichtnahme zu verinnerlichen. Die Fähigkeit zu Toleranz und Solidarität wird in Zukunft immer wichtiger werden in einer Welt, in der das Fremde nicht mehr ausgegrenzt werden kann und darf. Menschen, die wohlwollende Gemein-

Wir alle sind Ausländer, fast überall.
Karl Valentin

schaft erlebt haben, haben es auch leichter, selbständig und eigenständig zu werden. Sie sind imstande, ihren Willen zu äußern, Entscheidungen zu treffen und mit deren Konsequenzen umzugehen.

Selbstwert haben – andere nicht entwerten

In einer Schule hat man folgendes Experiment gemacht: Zwei Schulklassen bekamen einen neuen Lehrer. Den einen Lehrer, der eine Schulklasse von überwiegend guten Schülern bekam, hatte man falsch informiert, die Klasse setze sich aus schlechten Schülern zusammen. Der andere Lehrer bekam eine Klasse mit vor allem schlechten Schülern. Dieser neue Lehrer hatte die Information, sehr gute Schüler vor sich zu haben. Erstaunlich war das Ergebnis: Nach kurzer Zeit hatten sich die eigentlich guten Schüler erheblich verschlechtert und die eigentlich schlechten Schüler deutlich verbessert. Das jeweilige Bild, das der Lehrer von seinen Schülern hatte, hatte sich auf den Umgang ausgewirkt.

Der Philosoph Theodor Bucher schreibt: „Der Vorgang des Wertens enthält immer einen mehr oder minder starken Gefühlsanteil (...). Deshalb ist es wichtig, dass der Erzieher Werte, die ihm sehr lieb sind, in einem personalen, gefühlsmäßig bekömmlichen Klima vermittelt." Wer von seiner

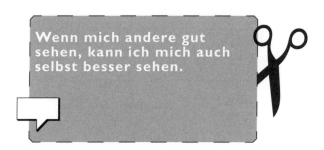

**Wenn mich andere gut
sehen, kann ich mich auch
selbst besser sehen.**

Umwelt positiv gespiegelt wird, hat es leichter, seinen Selbstwert zu finden. Ein Mensch, dem Nahestehende zeigen und spüren lassen, dass er wertvoll ist, dass er in Ordnung ist, dass er Begabungen hat, wird Vertrauen in sich und das Leben entwickeln.

Positive Spiegelung und echtes Lob machen es jedem Menschen leichter, mit sich selbst einverstanden zu sein. Wer sich selber als wertvoll erfährt, wird leichter Zugang zu den Werten anderer finden. Es wird ihm möglich sein, andere gelten zu lassen, anderen ihren Wert beizumessen.

Liebe geben – Liebe bekommen

Zwei Freunde, so erzählt eine Geschichte, betrachten in einem Juwelierladen die wunderschönen Edelsteine. Ihr Leuchten und Glitzern fasziniert sie. Doch plötzlich entdecken sie einen matten, glanzlosen Stein mitten zwischen den anderen. Verwundert beraten sie, was hier ein ganz gewöhnlicher Stein zu suchen habe. Der Juwelier hört das Gespräch, lächelt und fordert sie auf, den Stein ein paar Augenblicke in die Hand zu nehmen. Als sie die Hand wieder öffnen, strahlt der vorher so glanzlose Stein in herrlichen Farben. Der Fachmann erklärt: „Das ist ein Opal, ein sogenannter sympathetischer Stein. Er braucht nur die Berührung durch eine warme Hand, und schon zeigt er seine Farben und seinen Glanz. In der Wärme entzündet sich leise und lautlos sein Licht.“

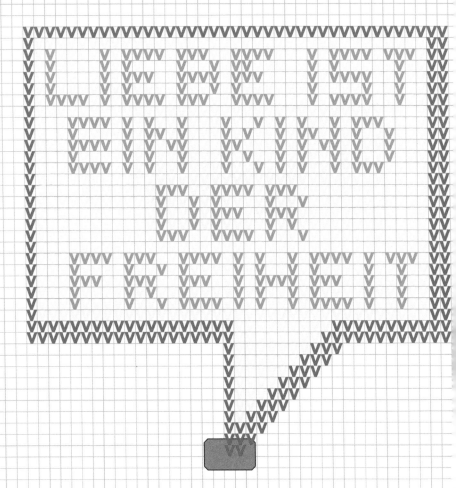

LIEBE IST EIN WIND DER FREIHEIT

Einem Menschen Liebe zu geben bedeutet, ihn anzunehmen, so wie er ist, und ihm das auch warmherzig zu zeigen. Ein liebesfähiger Mensch wird Liebe schenken und Liebe annehmen können; dabei ist Lieben können nicht zu verwechseln mit Liebe fordern. Liebe kann man nicht erzwingen, sie ist ein Geschenk.

Die Liebesfähigkeit wird in der ersten Beziehung zwischen Mutter / Vater und Kind geweckt. Das Kind erfährt Zuwendung, Nähe, Wertschätzung, es erlebt das Lachen und den liebevollen Umgang der Mutter und des Vaters. Ein Kind lernt mit der Zeit, was seine geliebten Menschen, die Mutter, der Vater, mögen und schätzen oder eben nicht. Und weil es auf ihre Zuwendung, auf ihr Wohlwollen nicht verzichten möchte, lernt es aus Liebe ihre Regeln zu achten, zu spüren, was Mutter oder Vater will oder nicht will. Ein Kind kann jedoch auch Liebe erfahren, wenn es in seinen Eigenmachtsbestrebungen, zum Beispiel in der Trotzzeit und während der Pubertät, respektiert und nicht fallengelassen wird.

Teilen wollen – annehmen können

An der Jakobstraße in Paris liegt ein Bäckerladen; da kaufen viele hundert Menschen ihr Brot, denn der alte Bäcker ist ein guter Bäcker, er weiß, dass man Brot nicht nur zum Sattessen brauchen kann, und gerade das gefällt den Leuten. Da kam der Autobusfahrer Gerard einmal zufällig in den Brotladen an der Jakobstraße. „Sie sehen bedrückt aus", sagte der alte Bäcker zum Omnibusfahrer. „Ich habe Angst um meine kleine Tochter", antwortete der Busfahrer Gerard. „Sie ist gestern aus dem Fenster gefallen, vom zweiten Stock." „Wie alt ist sie?", fragte der alte Bäcker. „Vier Jahre", antwortete Gerard. Da nahm der alte Bäcker ein Stück vom Brot, das auf dem Ladentisch lag, brach zwei Bissen ab und gab das eine Stück dem Busfahrer Gerard. „Essen Sie mit mir", sagte der alte Bäcker zu Gerard, „ich will an sie und ihre kleine Tochter denken." Der Busfahrer Gerard hatte so etwas noch nie erlebt, aber er verstand sofort, was der alte Bäcker meinte, als er ihm das Brot in die Hand gab. Sie aßen beide ihr Brotstück und schwiegen und dachten an das Kind im Krankenhaus. Zuerst waren sie allein. Dann kam eine Frau herein. Bevor sie ihren Wunsch sagen konnte, gab ihr der alte Bäcker ein kleines Stück Weißbrot in die Hand und sagte: „Kommen sie, essen sie mit uns. Die Tochter dieses Herrn liegt schwer verletzt im Krankenhaus. Der Vater soll wissen, dass wir ihn nicht allein lassen." Und die Frau nahm das Stückchen Brot und aß mit den beiden.

Die Erzählung von Heinrich Mertens über die Begebenheit an der Jakobstraße ist ein schönes Bild für das, was im familiären Alltag geschieht: Das Teilen schafft Gemeinschaft, das Gespräch lässt Beziehung wachsen, das Mitfühlen fördert Solidarität. Es gibt Situationen solidarischen Handelns, an denen Eltern oder Kinder über sich hinauswachsen und so ein „Stück Himmel" erfahrbar wird. Mit der Familie kann die wichtige Erfahrung gemacht werden, dass Hergeben und Schenken nicht ärmer oder schwächer macht. Kinder und Eltern können erfahren, dass sie lebendiger, größer, stärker werden, wenn sie bereit sind mit andern zu teilen.

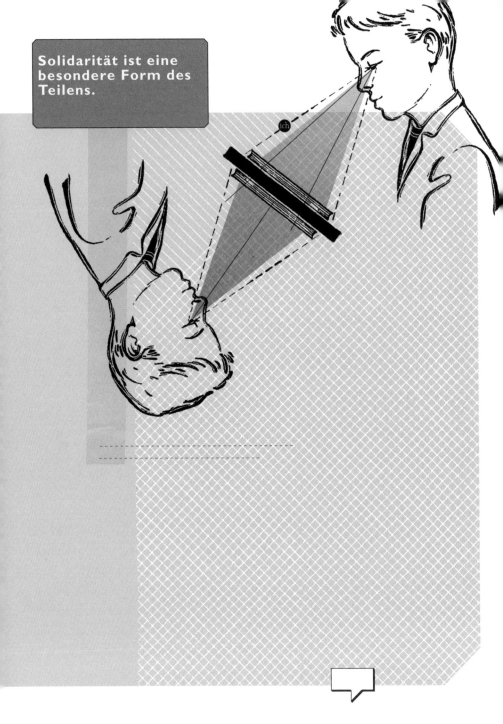

Solidarität ist eine besondere Form des Teilens.

Es darf auch ein bisschen wehtun, wenn ich mich von etwas trenne, um zu teilen, um es jemandem zu schenken. Das bedeutet wiederum: Ich will nicht bloß das weggeben, was ich zu viel habe. Eltern und Kinder können erleben, dass Teilen Freude bereitet, dass man durch das Teilen Freunde gewinnt, etwa bei der Nachbarschaftshilfe oder bei einer Aktion zur Unterstützung von in Not geratenen Menschen. Damit erschließen Eltern den Kindern auch einen vertrauensvollen Zugang zur Welt. Der Gewinn besteht darin, die Welt als offenes Tor zu erleben und somit den Weg in die Unabhängigkeit leichter zu bewältigen.

Dankbar sein – Dank annehmen

Von Rainer Maria Rilke gibt es eine Geschichte aus der Zeit seines ersten Pariser Aufenthaltes. Gemeinsam mit einer jungen Französin kam er um die Mittagszeit öfter an einem Platz vorbei, an dem eine Bettlerin saß. Ohne jemals zu einem der Geber aufzusehen, ohne irgendein anderes Zeichen der Bitte und des Dankes zu äußern als die ausgestreckte Hand, saß sie immer am gleichen Platz. Während die Begleiterin Rilkes oft ein Geldstück hergab, spendete er selbst nie etwas. Eines Tages fragte ihn die Französin daher, warum er denn nie etwas hergebe, und Rilke gab ihr zur Antwort: „Wir müssen ihrem Herzen spenden und nicht ihrer Hand." Wenige Tage später brachte Rilke eine eben aufgeblühte Rose mit, legte sie in die offene, abgezehrte Hand der Bettlerin und wollte weitergehen. Da geschah das Unerwartete: Die Bettlerin erhob sich mühsam von der Erde, tastete nach der Hand des fremden Mannes, küsste sie und ging dankbar mit der Rose davon. Eine Woche lang war die Alte verschwunden, der Platz, an dem sie vorher gebettelt hatte, blieb leer. Nach acht Tagen saß sie plötzlich wieder wie früher am gewohnten Platz. „Aber wovon hat sie denn all die Tage jetzt gelebt?", fragte Rilkes Begleiterin. Und er antwortete ihr: „Von der Rose ...!"
Dankbarkeit ist das Gedächtnis des Herzens. Sie verstärkt die Freude. Daher gilt es denen, die uns Freude bereiten, zu danken, und hierzu zählen insbesondere die Kinder, die Eltern, die Großeltern, Geschwister und Freunde. Der Psychologe Koni Rohner schreibt: „Dankbarkeit wirkt befreiend auf die Seele, Dankbarkeit führt zu seelischer Entspannung und Gefühlen des Glücks, das gilt von Kindesbeinen an". Dankbare Menschen haben einen guten Bezug zu Vergangenheit und blicken vertrauensvoll in die Zukunft. Die beiden Zauberworte Danke und Bitte öffnen die Herzen.

Die Dankbarkeit kann innerhalb der Familie besonders gut zum Ausdruck gebracht werden. Wir können dankbar sein für das Sehen, das Hören, die Geschicklichkeit, wir können dankbar sein für die Wunder in der Natur. Es ist wichtig, dass wir uns über die schönen Dinge freuen können. Das macht unser Leben reich.

Warten können – mit Fülle umgehen

Ein Mann beobachtet das seltsame Benehmen eines Beduinen. Immer wieder legt sich dieser der Länge nach auf den Boden und drückt sein Ohr in den Wüstensand. Verwundert fragt ihn der Begleiter: „Was machst du da eigentlich?" Der Beduine richtet sich auf und sagt: „Freund, ich höre, wie die Wüste weint: Sie möchte ein Garten sein."

Diese Geschichte stammt aus Afrika. Warten und Verzichten hat dort eine ganz andere Bedeutung als in unserer oft überfüllten und hastigen Gesellschaft, in der Wünsche und Bedürfnisse sehr schnell erfüllt werden können. Es ist gut, wenn Menschen Fülle erfahren können, genussfähig werden, sich fühlen wie in einem Garten vor der Ernte. Menschen, die mit Sinneseindrücken überfüttert werden, brauchen aber genauso die Erfahrung der „Wüste", damit ihre Bedürfnisse nicht ins Maßlose gehen. Wer gelernt hat, seine Bedürfnisse immer und sofort erfüllt zu bekommen, wird es schwer haben, Belastungen und Krisen auszuhalten. Verzicht oder Bedürfnisaufschub wird als sinnvoll erkannt, wenn auch ein Gewinn daraus spürbar wird, sei es nur dadurch, dass der andere seiner Freude darüber Ausdruck gibt. Die Natur zeigt es auf vielfältige Weise, wie vieles sich verwandelt, wie wichtig zum Beispiel das Wartenkönnen für das Wachsen und Gedeihen ist.

Im Frühjahr säen wir gemeinsam mit unseren Kindern Samenkörner. Dann warten wir, bis die Keimlinge hervorbrechen. Gespannt beobachten wir, wie die Pflänzchen Tag für Tag wachsen und nach kurzer oder längerer Zeit eine Blume oder eine Pflanze entsteht.

Kinder merken, dass Eltern und Geschwister auch ihre eigenen Bedürfnisse haben. So machen sie die wichtige Erfahrung, die eigenen Bedürfnisse auf die der anderen abzustimmen und diese zu respektieren. Sie lernen zu warten, auf etwas zu verzichten, bei einem Spiel durchzuhalten, Geduld zu haben.

2

Gewaltlosigkeit anstreben – Konflikte wagen

Sie war eine junge Mutter zu der Zeit, als man noch an diesen Bibelspruch glaubte: „Wer die Rute schont, verdirbt den Knaben". Im Grunde ihres Herzens glaubte sie wohl gar nicht daran, aber eines Tages hatte ihr kleiner Sohn etwas getan, wofür er ihrer Meinung nach eine Tracht Prügel verdient hatte, die erste in seinem Leben. Sie trug ihm auf, in den Garten zu gehen und selber nach einem Stock zu suchen, den er ihr dann bringen sollte. Der kleine Junge ging und blieb lange fort. Schließlich kam er weinend zurück und sagte: „Ich habe keinen Stock finden können, aber hier hast du einen Stein, den kannst du ja nach mir werfen." Da aber fing auch die Mutter an zu weinen, denn plötzlich sah sie alles mit den Augen des

Kindes. *Das Kind musste gedacht haben: „Meine Mutter will mir wirklich wehtun, und das kann sie ja auch mit einem Stein". Sie nahm ihren kleinen Sohn in die Arme, und sie weinten eine Weile gemeinsam. Dann legte sie den Stein auf ein Bord in der Küche, und dort blieb er liegen als ständige Mahnung an das Versprechen, das sie sich in dieser Stunde selber gegeben hatte.*

Astrid Lindgren erzählte diese Begebenheit bei ihrer Ansprache anlässlich der Verleihung des Friedenspreises des Deutschen Buchhandels. Das Beispiel macht betroffen, spricht es doch einen sehr sensiblen, manchmal tabuisierten Bereich des Familienalltages an. Durch die Medien kommen Gewalt, Verbrechen und Kriege auch in die Kinderzimmer. Wenn man von Gewalt spricht, denkt man in erster Linie wohl an körperliche Aggression. Gewaltausübung besteht aber auch in Verhaltensweisen, die darauf abzielen, andere im seelischen Bereich zu unterdrücken, zu beherrschen, zu kontrollieren. Gewalt darf niemals Mittel der Auseinandersetzung sein. Darum ist es besonders wichtig, dass Eltern Werte wie Gewaltlosigkeit und Friedfertigkeit vorleben. Wenn Gewalt auftritt, tun Eltern gut, mit den Kindern darüber zu sprechen, Hintergründe zu verstehen und, wo es erforderlich ist, Lösungsansätze zu suchen.

Gewaltlosigkeit beginnt dort, wo man dem anderen mit Respekt und Achtung begegnet, ihm seine Freiheit zugesteht und seine Andersartigkeit akzeptiert. Das ist im Familienalltag nicht leicht, vor allem dann, wenn verschiedene Generationen mit unterschiedlichen Lebenseinstellungen und Erwartungen aufeinander treffen.

Martin Luther King hatte die Vision, den Traum einer gewaltfreien Welt. Er glaubte an die Möglichkeit, Konflikte gewaltfrei lösen zu können, indem er aufforderte: „Enthalte dich der Gewalttätigkeit der Faust, der Zunge und des Herzens!"

Haben müssen – sein können

Die Maus Frederick genießt die warmen Sonnenstrahlen, die Kraft und die Schönheit der Natur, während die anderen Mitglieder der Mäusefamilie im Sommer Nahrungsvorräte sammeln für den kalten Winter, erzählt ein bekanntes Bilderbuch. Frederick sammelt Sonnenstrahlen, Farben und Wörter für die kalte Winterszeit, findet aber bei den anderen Mäusen wenig Verständnis dafür. Es wird Winter. Im Winterquartier der Mäuse gibt es zunächst genug zu essen, doch sobald die

Nahrung knapp wird, breitet sich Niederge-
schlagenheit, Frust und Langeweile aus. Zu
dunkel, zu kalt, zu eintönig ist das Leben.
Da kommt Frederick in Schwung. Er erzählt
von der wärmenden Sonne und den kräfti-
gen Farben des Sommers und deutet den
Mäusen die Welt. Schon kehren Wärme,
Farben und Begeisterung in die kalte Höhle
der Mäuse ein.

Für ein zufriedenes Leben braucht es beides: Materielles und Geistiges, Brot und Rosen.

Der Autor Leo Lionni greift mit seiner
Bildgeschichte ein existenzielles Thema
auf, das auch jede Familie betrifft: Was
braucht der Mensch, um zu leben. Wir
leben in einer Zeit, in der geachtet wird, was jemand hat, was man sich
leistet oder sich leisten kann, in der es nicht egal ist, wie jemand auftritt
und sich präsentiert. Die körperlichen Grundbedürfnisse müssen gestillt
werden, aber braucht es für ein geglücktes, zufriedenes Leben nicht mehr
als Nahrung und Kleidung?

Wer nur Arbeit und Leistung kennt, versäumt es zu leben; wer alles auf das
Materielle setzt, wird wahrscheinlich einsam sein und innen leer bleiben.
Eltern und Kinder können immer wieder neu die „Farben des Lebens" entdecken, im zärtlichen Blickkontakt, im Miteinander-umher-Toben, in liebevollen Umarmungen, in einem herzlichen Händedruck, damit es nicht kalt
ums Herz und untereinander wird. Kalt und finster wird es auch, wenn
zwischen Familienmitgliedern die Worte abhanden kommen, wenn keine
Erlebnisse mehr mitgeteilt werden. Wenn keine Geschichten mehr zu erzählen sind, wenn im Konflikt geschwiegen wird, dann wird es still, zu still.

Wir haben auf wichtige Werte hingewiesen. Wir haben einige ausgewählt,
wollten aber auf eine vollzählige Auflistung verzichten. Diese Denkanstöße
sollen einladen, sich mit dem, „was wertvoll ist", auseinander zu setzen.
Es kann eine lebenslange spannende Aufgabe bleiben, die eigenen Werte
immer wieder neu zu reflektieren, sie in der Paarbeziehung transparent zu
machen und sie als Eltern kontinuierlich in einer toleranten und wertschät-
zenden Art und Weise ins Gespräch zu bringen.

Literatur-
nachweis und
Buchtipps

Neben den von uns zitierten
Werken finden Sie hier eine
Auswahl an weiteren Büchern,
die uns beim Schreiben beein-
flusst und inspiriert haben.
Vielleicht möchten auch Sie den
einen oder anderen Gedanken
etwas vertiefen.

Steve & Shaaron Biddulph:
Wie die Liebe bleibt. Über die Kunst, ein
Paar und Mann und Frau zu sein.
Beust, 2003

Guy Bodenmann:
Stress und Partnerschaft.
Den Alltag gemeinsam bewältigen.
Huber, 2007

Martin Buber: Sich mit sich nicht befassen,
in: Der Weg des Menschen nach der
chassidischen Lehre.
Lambert Schneider, 1981

Theodor Bucher: Werte im Leben des
Menschen: Überlegungen –
Orientierung – Erziehungshilfen.
Haupt, 1984

Bernhard Bueb: Lob der Disziplin.
Ullstein, 2006

Fritz Fischalek: Faires Streiten in der Ehe.
Partnerkonflikt besser lösen.
Herder, 1981

Frank Furedi: Warum Kinder mutige
Eltern brauchen.
DTV, 2001

Erich Fromm: Haben oder Sein.
DTV, 1979

Max Frisch: Tagebuch 1946–1949.
Suhrkamp, 1980

Andreas Giger: LebensQualität.
Books on Demand, 2006

Anselm Grün: Geborgenheit finden,
Rituale feiern. Wege zu mehr
Lebensfreude.
Kreuz, 2002

Helga Gürtler:
Kinder lieben Großeltern.
Kösel, 2000

Gerhard Hüther:
Bedienungsanleitung für ein
menschliches Gehirn.
Vandenhoeck & Ruprecht, 2001

Gerhard Hüther:
Die Macht der inneren Bilder.
Vandenhoeck & Ruprecht, 2004

Hans Jellouschek:
Die Kunst als Paar zu leben.
Kreuz, 2005

Jesper Juul: Was Familien trägt.
Werte in Erziehung und Partnerschaft.
Kösel, 2006

Remo H. Largo: Kinderjahre.
Piper, 2004

Astrid Lindgren: Niemals Gewalt, in:
Ansprachen anlässlich der Verleihung
des Friedenspreises des Deutschen
Buchhandels.
Frankfurt a. M., 1978

Leo Lionni: Frederick.
Beltz & Gelberg, 2004

Heinrich A. Mertens:
Brot in deiner Hand.
Pfeiffer, 1972

Michael Lukas Moeller:
Die Liebe ist ein Kind der Freiheit.
Rowohlt, 1986

Koni Rohner:
Freier leben – Neues wagen
Beobachter, 2007

Arthur Schopenhauer:
Sämtliche Werke.
Suhrkamp, 1986

Susanne Stöcklin-Meier:
Was im Leben wirklich zählt.
Mit Kindern Werte entdecken.
Kösel, 2003

Thich Nhat Hanh:
Die Sonne, mein Herz.
Theseus, 2006

Thich Nhat Hanh:
Im Hier und Jetzt zu Hause sein.
Theseus, 2006

Julia Onken: Geliehenes Glück –
Ein Bericht aus dem Liebesalltag.
C. H. Beck, 1991

Kathrin Wiederkehr:
Lieben ist schöner als siegen.
Pendo, 2005

Jörg Willi: Was hält Paare zusammen?
Rowohlt, 1996

Michael Winterhoff: Warum unsere
Kinder Tyrannen werden.
Gütersloher Verlagshaus, 2008

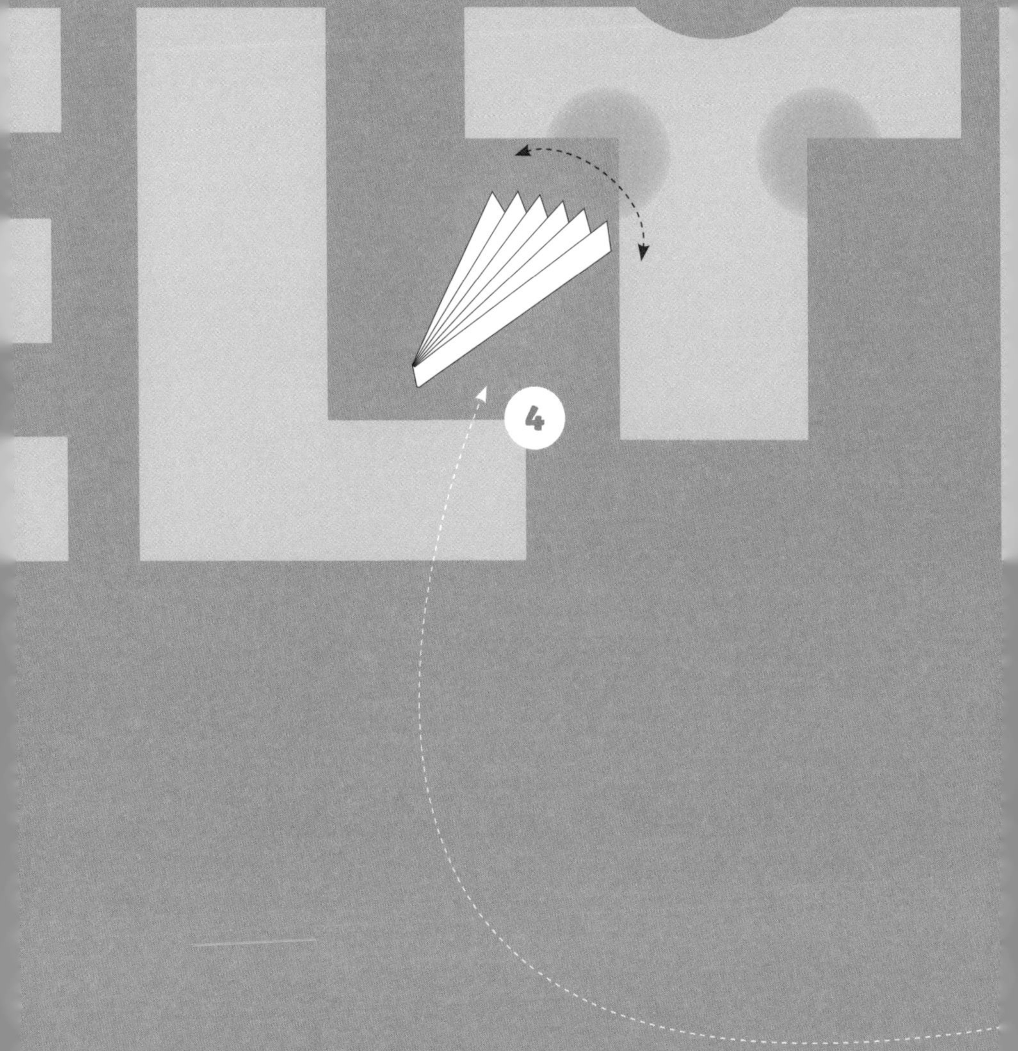
4

1

ERI

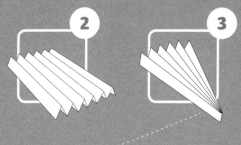

2

3

Dank

Unser Dank gilt allen unseren Freunden und Verwandten, die durch ihr Dasein und ihre vielfältigen Anregungen zum Gelingen des Buches beigetragen haben. Im Besonderen aber danken wir Sigi, Emma & Simon, Marialuise & Bruno, Thomas, Hannah, Jakob & Marius sowie Elias.

Sehr wertvoll waren die Beiträge unserer Testleser/innen Verena, Jutta, Nadia & Arno, Wolfi, Christine, Lukas, Hannes, Margit und unserer Lektorin Ursula Stampfer.

Viele der hier dargelegten Gedanken entwickelten sich im Zuge mehrerer Aufenthalte im Haus der Familie am Ritten, dessen ruhige und entspannte Atmosphäre uns half, Grundsätzliches zu diskutieren und zu reflektieren und am Buch zu arbeiten.

Schließlich bedanken wir uns bei der Abteilung Deutsche Kultur und Familie des Landes Südtirol sowie der Stiftung Südtiroler Sparkasse für die finanzielle Unterstützung der Drucklegung des Buches.

**STIFTUNG
SÜDTIROLER SPARKASSE**
1854

Wir stiften Kultur